कुछ पन्ने पिता के नाम

शाहाना परवीन 'शान'

PRACHI DIGITAL PUBLICATION

Book   : Kuch Panne Pita Ke Naam

Author   : Shahana Parveen

Edition   : 1st (January, 2023)

ISBN   : 9789391358709

© Author

Published by

PRACHI
DIGITAL PUBLICATION

Regd. Add.: 254, Khuriyakhatta No. 10, Bindukhatta,
Lalkuan, Nainital - 262402, Uttarakhand, India
Website : www.prachidigital.in
E-mail : editor@prachidigital.in
Contact : +91-976041-7980, +91-976041-8103

Printed by :
Manipal Technologies Limited, Manipal - 576104, Karnataka

मन के भाव

एक मुद्दत से पुकारा नहीं
डैडी/पापा कहकर...!
एक मुद्दत से हुआ यह लफ़्ज़
रुख़सत घर से...!

समर्पण

श्री मजीद अली व श्री यूसुफ अली

यह किताब ताऊजी, पिताजी और संसार
के सभी पिताओ को समर्पित है।

दो शब्द....

यह महज़ एक किताब नहीं बल्कि मेरा विश्वास, प्यार, सम्मान और धन्यवाद है अपने पिता के लिए। मेरे पिता बेशक आज साथ नहीं हैं पर उनकी दी अनमोल शिक्षा और उनका दिखाया मार्ग आज भी मेरे साथ चल रहे हैं। काफी समय से मन में उथल पुथल हो रही थी कि अपने प्यारे पिता के लिए कुछ लिंखू....

पर पिता तो पिता होते हैं क्या लिंखू? कैसे लिखूँ? हज़ारो प्रश्न मेरे सामने खड़े थे फिर विचार आया कि क्यों ना मैं वही सब बातें लिख दूँ जो मैं जानती हूँ। इसलिए मैं जितना भी अपने पिता के विषय में जानती हूँ सब इस किताब में मैनें लिख दिया है। अपने पिता जी के कारण ही आज मैं अपने बचपन के इस हसीन सपने को पूरा करने में कामयाब हो पाई हूँ। काश! आज पिता होते तो अपनी बेटी शाहाना परवीन को इस तरह लेखन के क्षेत्र में देखकर बहुत खुश होते।

आँख मेरी हैं भरी,,,

पर पिता....

तुम ना देख पाओगे।

दौड़कर आज अपनी बिटिया को,,

गले नहीं लगा पाओगे।

कुछ शब्द जो लिखे

"शाहाना" ने आपके लिए

आज स्वयं आप उन्हें

नहीं पढ़ पाओगे।।

I LOVE YOU FATHER...

I MISS YOU A LOT....

अनुक्रमणिका

शुभकामना संदेश

मुझे यह जानकर अत्यंत प्रसन्नता हुई कि शाहाना परवीन "शान" अपने पिताजी आ0 श्री यूसुफ अली जी पर एक पुस्तक लिख रही हैं। बहुत से लोग अपने पद व योग्यता से इतने गर्वित हो जाते हैं कि अपने माता पिता को ही भूल जाते हैं। वे यह भी भूल जाते हैं कि उनको इस योग्य किसने बनाया। माँ के जन्म देने के बाद पिता की उंगली पकड़ कर ही तो घर से बाहर का संसार देखा जाता है। पिता सभी के जीवन में सबसे महत्वपूर्ण होते हैं। पिता अपने बच्चों का भविष्य उज्ज्वल बनाने में लगे रहते हैं। पिता ऐसे अमूल्य रत्न हैं जो सदैव अपने बच्चों की भलाई के बारे में सोचते हैं।

पिता अपने बच्चों को सुख देने के लिए अपना सुख भी भुला देते हैं। शाहाना परवीन "शान" पिताजी पर नहीं बल्कि अपने परमेश्वर पर पुस्तक लिख रही हैं क्योंकि पिता भी साक्षात परमेश्वर का रुप होते हैं। कई वर्ष पूर्व मैं शाहाना परवीन के पिताजी श्री यूसुफ अली जी से मुजफ्फरनगर में उनके घर पर मिला था। तब शाहाना छोटी बालिका थीं। पिताजी की प्रेरणा से शाहाना ने लेखन शुरू किया था। उनकी अनेक रचनाएँ मेरे समाचार पत्र सामाजिक आक्रोश में प्रकाशित हो चुकी हैं। किसी भी परिवार में बेटा भाग्य से मिलता है और बेटी सौभाग्य से। ऐसी ही बेटी शाहाना परवीन "शान" को अपने पिताजी पर पुस्तक लिखने का सौभाग्य प्राप्त हुआ। इसके लिए वह बधाई की पात्र हैं। शाहाना परवीन व उनकी दोनो बेटियाँ तमन्ना और अलीशा जीवन में सदा उन्नति के मार्ग पर आगे बढ़ती रहें।

श्री रमेश चंद्र छबीला

सम्पादक-सामाजिक आक्रोश

अंबाला रोड, सहारनपुर– 247001 (उ.प्र)

दो शब्द शुभकामनाओं के साथ...

मुझे जानकर अत्यंत ख़ुशी हो रही है कि शाहाना परवीन जी की छठवीं कृति '**कुछ पन्ने पिता के नाम**' शीर्षक जल्द ही प्रकाशित होने जा रही है। शाहाना जी की प्रथम पाँच कृतियाँ पहले ही हम सबके बीच आ चुकी हैं। शाहाना जी आपका प्रथम काव्य संग्रह लम्हों की खामोशियाँ सभी के बीच पहुंचा तो आपकी पहचान एक कवयित्री के रूप में शुरु हुई और इसके बाद लगातार चार संग्रह प्रकाशित हुए। आपके अगले संग्रह अपने नाम से ही काफ़ी

उत्सुकता भर देने वाले हैं जिनके नाम हैं मुख्तसर अल्फाज़, अपराजिता, द गोल्ड्न वड्र्स, लिटिल हार्ट्स। गद्य और पद्य दोनों पर अपनी कलम चलाने वाली उत्तर प्रदेश में जन्मी शाहाना आज पंचनद प्रदेश में एक बहू का फर्ज़ निभा रही हैं साथ ही साहित्य व पत्रकारिता में अपना सहयोग दे रही हैं।

देश के प्रतिष्ठित अलीगढ मुस्लिम विश्वविद्यालय से अपनी उच्च शिक्षा प्राप्त कर शाहाना जी एक सफल गृहिणी हैं। राष्ट्रीय काव्य संगम संस्थान चित्रकूट के किसी ऑनलाइन काव्य पाठ आयोजन में शाहाना जी की और मेरी सुखद मुलाक़ात हुई, तबसे लेकर आजतक हम दोनों के बीच ऑनलाइन रूप से ही दर्ज़नों साहित्यिक चर्चाएँ हो चुकी हैं। शाहाना जी से जब बात होती है तो ये नहीं लगता की हम लोग अलग-अलग धर्मों के लोग हैं, उन्हें हमारे रीति-रिवाज़ भी पसंद और मुझे भी उनके रीति-रिवाजों को जानने की उत्सुकता रहती है जोकि मानव का स्वभाव है निरंतर नये विषयों को जानना। अब शाहाना जी का मेरा रिश्ता एक भाई-बहन जैसा हो गया है। मैं खुद नहीं समझ पाता उन्हें बहन बोलूं, दोस्त बोलूं या एक कवयित्री के रूप में ही उनकी बातें तोलूँ।

आपके ताऊजी स्व. मजीद अली जी और पिता स्व. युसुफ़ अली जी को समर्पित इस पुस्तक में सम्पूर्ण जीवनखंड की स्मृतियाँ आपने संजोयी हैं। किन-किन संघर्षों के बावजूद, कितने नाजों और लाड़-प्यार से आपको उन्होंने पाला है, आपकी इस पुस्तक में बखूबी बयां हुआ है। उनके इस संसार में मूर्त रूप में न रहने के बाद भी उनकी मधुर स्मृतियाँ और आप उनका बोया हुआ एक

ऐसा बीज हैं जो अपनी शीतलता और व्यवहार से हिंदी और उर्दू दोनों बहनों के सुन्दर समिश्रण से एक नये आयाम को गढ़ रहा है।

वो पिता स्वयं बड़े बडभागी थे,
निश्चय ही संघर्षशील और त्यागी थे,
सफल हुआ उनका त्याग और संघर्ष,
अमर करेगा उनको जग में पुत्री का यह ग्रन्थ।

उपर्युक्त पंक्तियों के साथ शाहाना जी को 'कुछ पन्ने पिता के नाम' नामक संकलन के लिए बहुत-बहुत शुभकामनायें। मुझे पूर्ण विश्वास है कि पिता के प्रति पुत्री का यह प्रेम जरूर इस साहित्य जगत में सदैव अमर रहेगा।

धन्यवाद।

शुभम द्विवेदी

(युवा कवि व लेखक)

अध्यक्ष

राष्ट्रीय काव्य संगम संस्थान

चित्रकूट, उत्तर प्रदेश।

स्थायी पता : उदघटा, राजापुर, चित्रकूट, उत्तर प्रदेश,210207

फोन : 9794890779

सदस्य 'नया परिमल' इलाहाबाद केंद्रीय विश्वविद्यालय, प्रयागराज।

"मन की वीणा बजती शब्दों से,
नवीन भाव उत्पन्न होते हैं।
भावों को समझता मन,
लेखनी में शब्द छुपे होते हैं।
करते प्रभावित चित को,
नये विचार संकलित होते हैं।"

सभी सुधी पाठक गण को मेरा स्नेहिल नमस्कार....

लम्हों की खामोशियाँ, अपराजिता, मुख्तसर अलफाज़, लिटिल हार्ट्स बाल काव्य, द गोल्डन वइर्स बाल कथा को पाठको का भरपूर स्नेह प्राप्त हुआ, जिसके लिए मैं हृदयतल से सभी का धन्यवाद व आभार प्रकट करती हूँ। मन के भावों को व्यक्त करने का सबसे अच्छा माध्यम लेखन है। मुझे बचपन से ही कहानियाँ, कविताएँ, बाल रचनाएँ, लेख, आलेख, आदि पढ़ने में रुचि थी। मेरे मन में लिखने के प्रति उत्साह जाग्रत किया मेरे पिता श्री यूसुफ अली जी ने। जो स्वयं भी लिखने में रुचि रखते थे पर कोई कवि या लेखक नहीं थे। मेरे पिताजी मुझे अक्सर कहा करते थे अगर दोस्ती करनी है तो पुस्तकों से करो जो तुम्हारे मन को आखिरी समय तक शांति देती रहेगीं और तुम्हारा ज्ञान भी बढ़ायेगीं।

"कर दोस्ती पुस्तको से ...
तू कभी धोखा नहीं खायेगी।
सुकून के साथ एक दिन शाहाना...
तेरी मंज़िल भी तुझे मिल जायेगी।।

मैं स्वतंत्र लेखन करना चाहती थी। खुले आसमान तले अपने मन के विचारों को लिखना चाहती थी। खुली हवा को महसूस कर उसे पन्नों पर उकेरना चाहती थी। लेखन में मेरे पिताजी ने मेरा पूरा साथ दिया। मेरे पिताजी के मार्ग दर्शन के कारण ही आज मैं अपने हसीन ख्वाब को पूरा करने में कामयाब हो पाई हूँ।

"पिता के शब्द ही हैं जो आज शाहाना की हर रचना में बोलते हैं .... पास बेशक ना हो पिता पर साथ हमेशा रहते हैं।"

अपने पिता जी को मैं धन्यवाद देते हुए यह संकलन श्रद्धांजली स्वरूप अर्पित करना चाहूगीं ...।

जहाँ भी हैं आप ...
मेरे प्यारे पिता जी,
मेरी रचनाएँ आपको
हर वक्त याद करती हैं।
कलम मेरी जब चलती है
आपकी चर्चाएँ पहले करती है।।

मेरे सपनो को साकार करने व मेरे सृजन को पुस्तक के रुप में आप तक पहुचाँने में तनीशा पब्लिशर्स ने सराहनीय योगदान दिया है। तनीशा पब्लिशर्स से जुड़े सभी सदस्यों का मैं हृदय तल से धन्यवाद करती हूँ।

एक बार फिर मैं उन सभी के प्रति आभारी हूँ जिनके सहयोग से मैं अपने पिता जी पर यह किताब लिखने में सफल हो पाई।

आप सबका स्नेह और आशीर्वाद बना रहे आपका कोटि कोटि धन्यवाद।

शाहाना परवीन

काव्य रचनाएँ

क्या लिखूँ?

शब्द पास नहीं मेरे कि कुछ लिख पाऊँ मैं।
अहसास मन के जो हैं
शायद कभी कह नहीं पाऊँ मैं।
क्या लिखूँ पिता जी के बारे में?
कलम रुक जाती है...
सांसे थम जाती हैं पर,
लिख मैं पाती नहीं कुछ भी।
जब भी देखती हूँ तस्वीर पिता की,
आँख मेरी भर आती है।
कहाँ से लाऊँ हिम्मत?
कैसे करूँ सामना?
ऐसे कठोर सत्य का?
जिसे मैं नहीं करना चाहती स्वीकार,
कि अब मेरे पिता नहीं हैं मेरे पास।
जबकि मुझे मेरी परछाई में
अक्सर नज़र आते हैं पिता,
करते बातें दिल की
गले भी लगाते हैं पिता।
क्या लिखूँ?
जिनसे मिलने की उम्मीद हर दिन
मन में जग जाती है
पर जब आता होश कि
नहीं हो सकता ऐसा
दुख की लहर मन में समा जाती है।
काश! होता वहाँ भी कुछ ऐसा
चिट्ठी पत्र हम लिख पाते।

अपने चाहने वालो की
खैर खबर हम ले पाते।
क्या लिखू?
काश! लौट आएं पिता
लगा ले गले से अपनी गुड़िया को और
कहें कि अब नहीं जाऊंगाँ कहीं तुम्हें छोड़कर मैं।।

काश!

आज भी आँखो में घूमता वो चेहरा, मेरे डैडी का,

मेरी परछाई के साथ चलता,

साया मेरे डैडी का।

कड़वा सच भयानक,

पीछा नहीं छोड़ रहा मेरा।

काश! मेरे हाथो में हाथ होता, मेरे डैडी का।

उलझनो से घिर गई आज मैं,

परेशान ज़िंदगी बेहाल मैं।

काश! होते डैडी मेरे सामने,

मिलता समाधान हर समस्या का।

कहाँ हो डैडी?

आपको देखे आँखे तरस गई।

मेरी डायरी भी आपके

कलम को तरस गई।

दिल की धड़कनें कविता बन पन्नों की शोभा बढ़ाती हैं।

आपकी मज़बूत आवाज़

मेरी हर कविता से आती है।

काश! आप आकर पढ़ पाते

आशीर्वाद स्वरूप हाथ रख देते शाहाना के सिर पर।

काश! आप मेरे पास होते।।

काश! आप लौट पाते.....।

मेरे पापा मुझे गोदी में सुलाते थे

माथा मेरा चूमकर , मुझे गले से लगाते थे।

प्यार करते मुझे हर दिन कहानी सुनाते थे।

मेरे पापा मुझे गोदी मे सुलाते थे।

उनकी लाडली बेटी थी, उनके जिगर का टुकड़ा थी।

बात मेरी मानते थे , मुझे सीने से लगाते थे।

मेरे पापा मुझे गोदी में सुलाते थे।

रंग– बिरंगे फूलो की तरह महकती थी मैं,

आँगन में चिड़िया की तरह चहकती थी मैं।

मुश्किल समय में साथ निभाते थे, हर बुरी नज़र से बचाते थे।

मेरे पापा मुझे गोदी में सुलाते थे।

माँ के समान पिता भी, बच्चों के लिए खास़ हैं।

वे बच्चे बहुत भाग्यशाली, जिनके पिता उनके साथ हैं।

मुझे रोने नहीं देते थे, मुझे सीने से लगाते थे।

मेरे पापा मुझे गोदी में सुलाते थे।

बेशक आज नहीं पापा मेरे पर, दिल में सदा ही रहेगें।

आँखो से झर झर बहेगें आँसू,

मेरे पापा मेरी आँखो में जियेगें।

याद करती हूँ उनकी बातें, कभी नहीं भूल पाऊगीं।

मेरे पापा मुझे गोदी में सुलाते थे।

बेटी होती पिता की जान, होती पिता की पहचान।

बनकर साया पिता का,

बेटी दो परिवारों को सजाती है।

विवाह होकर बेटी जब दूसरे घर जाती है।

सदा याद रहेगीं बातें पापा की, दिल बेचैन होगा मेरा,

मेरे पापा मुझे गोदी में सुलाते थे।

दर्द थमता नहीं

कैसे रोकूँ इस दर्द को जो रात दिन सताता है,
डैडी, कहाँ हो? दिल बार-बार याद दिलाता है।।

आपकी कही हर बात भूल नहीं पाती मैं,
सोचती रहती हर पल हर घड़ी अब वही मैं।
कैसे जिऊँ?
आपके बिना कहीं ना चैन मुझे आए,
डैडी, कहाँ हो?
दिल बार बार याद दिलाता है।।

करवट लेता वक्त तेज़ी से पर दर्द थमता नहीं,
आहटें आती कानों में पर कुछ दिखता नहीं।
किस से कहूँ दिल की बात क्या कोई समझ पायेगा?
डैडी, कहाँ हो? दिल बार बार याद दिलाता है।

जब से गए छोड़कर साथ दिल मेरा बहुत घबराता है,
मन की बेचैनी दिन - रात बहुत बढ़ाता है।
परछाइयाँ डराती मुझे,
तन्हाइयों को गले लगाती हूँ।
डैडी, कहाँ हो? दिल बार बार याद दिलाता है।

खिड़की से आती हवा पापा का अहसास कराती है,
मजबूरी ऐसी कि पापा को सामने नहीं ला पाती है।
खामोशियों में छुपे मेरे शब्द बिखेरते अक्स तन्हाइयों के,
डैडी, कहाँ हो? दिल बार बार याद दिलाता है।

मेरे डैडी

चाय का कप सामने और उनका मुझसे बात करना ।
बहुत बेचैन कर जाता आज मुझे, डैडी का मेरे साथ ना होना ।

क्यूँ चले गए छोड़कर गुड़िया को ? गुड़िया अब कहाँ जाए ?
किस तरह से अपने प्यारे, डैडी को वापिस पाए ?

खुदा की यह बात,अच्छी नहीं लगती 'शाहाना' को ।
जब लेनी वो चीज़ वापिस, फिर क्यों देता किसी को ?

दिल में जगाकर अरमान, हमसे वापिस क्यों छीन लेता है ?
हमें देता कुछ दिनो की खुशी फिर वापिस ले लेता है ।

मेरा अनमोल खज़ाना थे, मेरा विश्वास थे ।
डैडी, जिंदगी के सच्चे दोस्त, मेरी मुस्कान थे ।

ना जाने क्यूँ चले गए ? कब वापिस आयेगें ?
अब डैडी मेरे दिल को ,दिन रात यूँ ही तड़पायेगें ।

करूँ भी कोशिश भूलने की तो भूल नहीं पाऊगीं ।
मैं अपने पिता को सदा, अपने करीब ही पाऊगीं ।।

पिता के ख़त

डैडी, मुझे आज भी याद हैं,
आपके लिखें वो ख़त।
जो आप मुझे लिखा करते थे,
जब मैं रहती थी हॉस्टल में।
(अलीगढ़ मुस्लिम यूनिवर्सिटी)

डैडी उस समय मोबाइल नहीं था।
ख़तो से ही काम चलाना पड़ता था।
एक सप्ताह में ख़त आया करता था,
पर ख़त हाथ में आते ही ...
हज़ारों खुशियाँ दे जाता था।

कितने अच्छे दिन थे वो,
आपके ख़तों का इंतज़ार करना।
फिर मेरा ख़त का
वापिस जवाब लिखना।
बहुत सुहाने दिन थे,
आज आप नहीं हो पास पर
आज भी यादें साथ हैं आपकी।

डैडी आपकी दी हुई शिक्षा और ज्ञान,
मेरा हौंसला बढ़ाते हैं।
जीवन में आगे बढ़ते रहने का ,
सही मार्ग मुझे दिखलाते हैं।

लगता है जैसे बात हो कल ही की।
माना समय बदल गया है पर
यादों का सफर नहीं बदलेगा कभी।
यादें अपनी रफ्तार से धीरे –धीरे
बढ़ती रहेगीं आगें।

डैडी आप हमेशा कहा करते थे,
मनुष्य को जीवन में कुछ ना कुछ,
अवश्य लिखते रहना चाहिए।
अगर शौक है आपका लेखन में तो
इस शौक को आगे
बढ़ाते रहना चाहिए।
जब भी मिले समय कलम का
इस्तेमाल करते रहना चाहिए।

ख़त हमारे जीवन का हिस्सा है,
ख़त हमारी यादों को समेटकर रखते हैं।
जो हमें हमारी
उन यादो से मिलवाते हैं जो
बेशक दूर जा चुकी हैं पर
आज भी अपनी खूशबू से
महका रही हैं हमें।

एक ख़त पिता के नाम (गद्य)

मेरे प्यारे डैडी, गुड मार्निंग (आपका प्यारा शब्द)

आज बड़ा मन कर रहा था आपको ख़त लिखने का। ना जाने क्यूँ आज आपसे बात करना चाहती हूँ जी भर कर ।आपको बताना चाहती हूँ कि आपकी दुआओं से मेरी लम्हों की खामोशियाँ, अपराजिता, मुख्तसर अलफ़ाज़, लिटिल हार्ट्स, द गोल्डन वड्र्स, पुस्तके प्रकाशित हो चुकी हैं। यह सब आपके मार्गदर्शन से ही संभव हो पाया है। पर दुख इस बात का है कि आज आप इन किताबों को छूकर नहीं देख पायेगें। डैडी जी मैं जानती हूँ आपको किताबो से कितना लगाव था। जब भी आप के पास वक्त होता था आप किताबें पढ़ते थे और हम सबको भी उनके बारे में बताते थे।पर आज आप नहीं हैं पर हर किताब में मुझे आपका चेहरा नज़र आ रहा है।

संभालूँ खुद को कैसे मैं?

डैडी कहाँ हो?

एक बार तो आ जाओ या

अपना पता भेज दो ।।

मुझे याद है बचपन में जब कभी मैं कोई कविता लिखा करती थी तो आप किस प्रकार से उसमें सुधार किया करते थे। आपने ही मुझे लिखना सिखाया। मुझे स्कूल/ कॉलेज में अनेक उपहार और सम्मान मिले, सब आपके परिश्रम का ही फल है। यहाँ तक की अलीगढ़ जाने के बाद भी लेखन के क्षेत्र में आपकी सहायता मेरे साथ हर वक्त रहती थी।आपके माध्यम से ही मैंने लेखन के क्षेत्र में कदम रखा और आज पाँच किताबें लिख पाई हूँ।

आज मेरी ये सभी किताबें प्रकाशित होने पर मुझे आपकी बहुत याद आ रही है। मेरी किताब के हर पन्ने में आप हैं जो आज भी मेरा मार्गदर्शन करते महसूस हो रहे हैं जैसे कि पहले किया करते थे। डैडी जी , आज मैं जो कुछ भी हूँ आपके द्वारा दिए गए संस्कारो व शिक्षा के कारण ही हूँ।आज आप मेरे साथ नहीं हैं पर आपकी बातें, याद बनकर मेरे साथ हैं। मैं आपको बहुत बहुत शुक्रिया कहती हूँ कि आपने मुझे इतना काबिल बना दिया कि आज मैं लेखन के क्षेत्र में आगे बढ पाई और अपने व आपके सपनो को पूर्ण कर पाई।

बहुत बहुत शुक्रिया मेरे अनमोल से भी अनमोल पिता जी ...

Usuf Ali
Manager

Ref. No.

Distt. Co-operative Bank Ltd.
Muzaffarnagar 0131
© 403684/432358

प्रिय गुड़िया वहुप्रेमी।

Dated...26-9-2000

आपका पत्र बिल्कुल Philosophy का पत्र है। दो नायपंटा। और पढ़कर आनन्द बहुत आया। और महसूस किया कि मेरी गुड़िया मेरी भी गुड़िया जैसी बातें करजाती है कभी कभी। पत्र बहुत अच्छा लगा और महसूस किया कि गुड़िया अपने career को लेकर कितनी चिन्तित है। मेरी माँ बाप की भावना मुझमें इसमें भरपूर है ...

[शेष पाठ — हस्तलिखित — अस्पष्ट]

1: M.A. & DIPLOMA भी है।

2: दीन दुनिया के नोट ये खूब जानती है।

3: माँ बाप बड़ा आदर, इज्जत दाद और समाज के ग्रात क्या कर्त्तव्य होने चाहिए ये खूब जान गई।

4: अच्छा बुरा नैतिक बदी खूब जान गई।

5: हिंदी धुन्वनिज़्म भाव खूब जान गई।

6: अपनी बात को इसके सामने कैसे रखें भी जान गई।

7: self confidence भी आगया।

8: समाज में रहना बातें करना, व्यवहार भुगत बाध्यपरुता खूब जान गई।

9: अपने भविष्य की चिन्ता, माता पिता का ख्याल, भाई का ख्याल खूब रखना जान गई।

10: बाधा जाना खूब ही बातें करना और अपने पक्ष की तर्क से रखना खूब जान गई।

11: ब्रत भी लगाई और अन्य भाव करना, पढ़ना लिखना, फिरना खूब खूब ही जानगई।

12: सबसे बड़ी बात गुड़ू की इज्जत भाव करना।

P.T.O.

मेरा मन

मेरे मन के शब्दों की भाषा
सुनने दो मेरे मन को।
मेरे मन को खुलकर जीने दो
इस नीलगगन में।
ये शब्द दिए मेरे पिता ने मुझे
यादों के सागर में बह जाने दो इनको।
मेरे मन के शब्दों की भाषा
सुनने दो मेरे मन को।
शब्दों को करने दो बात आपस में,
उन्हें खुलकर जीने दो।
पिता की आहट का कराते अहसास
धीरे से मुस्कुराते शब्द।
आज आसुओं में जी भरकर
भीग लेने दो इनको।
मेरे मन के शब्दों की भाषा
सुनने दो मेरे मन को।
दिल की गहराईयों में जाकर,
चुपके से सबको अपना बनाते।
अहसासो का आँचल थामें
धीरे से आगे बढ़ जाते।
तन्हाईयों को फिर गले लगाते,
सबके सगी होते ये शब्द।।
पिता की दी हुई शिक्षा से
बनते ये शब्द सबको बनाते अपना ,
दिल ना दुखाते किसी का ये शब्द।
मेरे मन के शब्दों की भाषा
सुनने दो मेरे मन को।।

काश! हो ऐसा

काश! हो ऐसा ईश्वर,
जो खो गए आकाश में,
बन गए सितारें,
दौबारा वापिस धरती पर आ जाएं।
जो चले गए छोड़कर,
हमें और इस जहां को,
काश! हो ऐसा कि दौबारा
आकर हमसे मिल जाएं?
क्यों चले जाते हैं पिता?
क्यों अकेली रह जाती है बेटी?
काश! हो ऐसा कि,
पिता आकर बेटी से मिल जाएं?
यादें तड़पाती हैं बहुत,
तन्हाइयों में खामोशी छुपी रहती है।
काश! हो ऐसा कि
पिता सबके वापिस लौट आएं?
जग सूना पिता बिना,
अच्छा नहीं लगता कुछ भी,
काश ! हो ऐसा कि,
पिता की उंगली फिर से मिल जाएं?
पिता बेटी को चाहते बहुत अधिक,
करते प्यार बेशुमार,
काश! हो ऐसा कि
पिता का दुलार फिर से मिल जाएं?

पिता

पिताजी को करती हूँ याद हर पल,
रहती हूँ उनकी यादों के साथ हर पल।
लिखूँ क्या पिताजी के विषय में?
शब्द नहीं हैं मेरे पास।
जब भी करती हूँ कोशिश लिखने की,
आँख मेरी भर आती हैं।

पिता से बढ़कर विश्वास नहीं जगत में,
पिता से बढ़कर मित्र नहीं जहाँ मे।
पिता है तो सब कुछ है यहाँ,
बिन पिता के कुछ भी नहीं जहाँ में।
जब भी करती हूँ कोशिश लिखने की,
आँख मेरी भर आती हैं।

पिता सागर है बच्चों की खुशियों का,
जिसमें बच्चे गोता लगाते हैं।
पिता एक आशा है, प्रेम है, त्याग है,
जिसमे हम सब अपने सपने सजाते हैं।
जब भी करती हूँ कोशिश लिखने की,
आँख मेरी भर आती हैं।

जवाब नहीं आता

डैडी को लिखती हूँ चिट्ठी पर
कोई जवाब नहीं आता।
2017 के बाद..
डैडी का कोई समाचार नहीं आता।
कहाँ चले गए? बिना बताए,
एक बार तो बता देते डैडी।
होता कोई ख़त ऐसा जो
वहाँ तक पहुंच पाता।
डैडी को लिखती हूँ चिट्ठी पर
कोई जवाब नहीं आता।
आँखे दुखने लगी राह देखते देखते,
एलबम भी धुंधली सी होने लगी है।
क्या करूँ?
किससे पूछू? डैडी का पता,
डैडी का कोई फोन भी नहीं आता।
डैडी को लिखती हूँ चिट्ठी पर
कोई जवाब नहीं आता।
दर्द को जीना और आँसुओं को पीना
डैडी आप बखूबी जानते थे
लगाते थे गले सबको
सबका दुख आप समझते थे।
पर आज क्या हुआ?
कहाँ चले गए?
अब आपका कोई पत्र भी नहीं आता।
डैडी को लिखती हूँ चिट्ठी पर
कोई जवाब नहीं आता।।

पिता का बच्चा बन नाचना

बचपन में कभी भालू,
कभी घोड़ा बन जाते थे।
हाथ उठाकर ऊपर
फिर नाच दिखाते थे।
ता- ता थईया करते
हमको खूब हसाते थे,
मेरे डैडी हर दिन
एक नया गीत गाते थे।

आज उस गीत को तरस गई हूँ मैं,
सुनने को बेताब हूँ बेचैन बहुत हूँ मैं।
काश! लौटकर आ जाओ एक बार मेरे डैडी,
आपकी सूरत को देखने को तरस गई हूँ मैं।

याद करती हूँ आज
आपका वो खेलना,
मेरे संग बातें करना और
खिलखिलाकर हसना।
कहाँ चले गये छोड़कर मुझे?
एक बार तो आ जाओ,
देखो बेटी का रोना।

ईश्वर क्यूँ करता है ऐसा?
सबको अपने पास बुलाता है।
बिना सोचे समझे फिर
दुनिया वह बसाता है।

काश! हो ऐसा ईश्वर
तेरे दरबार में पोस्ट ऑफिस हो
जहाँ से पत्र व्यवहार में
सभी को सुविधा हो।

डैडी मेरी आँखो में देखो
आप ही नज़र आते हो।
देखती हूँ मैं शीशा,
आप पीछे खड़े मुस्कुराते हो।

बचपन में पिता बच्चों को उंगली पकड़कर चलाते थे,
बच्चे गिर जाते थे जब वह बाहो में उठाते थे।
बड़े होने पर बच्चों के क्यों उन्हें छोड़कर जाते हो?
अब ज़रूरत उन्हें आपकी यह तुम क्यूँ समझ नहीं पाते हो?

शाहाना की यादो में पिता,
हर आहट पर चौक जाती है।
करती है याद अपने पिता को बहुत,
किताबों में उनको ही पाती है।

पिता कभी ना रूठे किसी से
चाहे हो जाए कुछ भी।
साथ बना रहे पुत्री पिता का,
चाहे हो जाए कुछ भी।

पिता के लिए शब्द कहाँ से लाऊँ?

लिखूँ क्या पिताजी के बारे में?
अल्फ़ाज़ नहीं हैं मेरे पास।
जब भी कोशिश करती हूँ कुछ लिखने की
आँख मेरी भर आती है।
जब भी कोशिश करती हूँ कुछ सोचने की
ठीक से सोच मैं पाती नहीं हूँ।
लिखूँ क्या पिताजी के बारे में?
अल्फ़ाज़ नहीं हैं मेरे पास।

पिता की याद दिल में समा जाती है,
रह रहकर उनकी याद दिलाती है।
पिता से बढ़कर कोई मित्र नहीं जहाँ में,
पिता से बढ़कर कोई विश्वास नहीं जगत में।
पिता हैं तो सब कुछ है यहाँ,
बिना पिता के कुछ भी नहीं जहाँ में।
लिखूँ क्या पिताजी के बारे में?
अल्फ़ाज़ नहीं हैं मेरे पास।

पिता सागर हैं जिसमें,
बच्चों की खुशियाँ तैरती हैं।
पिता वो मज़बूत किला है,
जिसमें परिवार को सुरक्षा मिलती है।
पिता एक विशाल वृक्ष हैं,
जो परिवार को देता भरपूर छाया।
लिखूँ क्या पिताजी के बारे में?
अल्फ़ाज़ नहीं हैं मेरे पास।

पिता एक आशा है, प्रेम है, त्याग हैं,
जिसमे हम अपने सपने सजाते हैं।
पिता एक आशा हैं सूर्य की किरण है
जिसमें हम स्वयं को देख पाते हैं।
उनके बिना हर रिश्ता अधूरा,
चाहे देख लो कोई भी रिश्ता टटोलकर।
लिखूँ क्या पिताजी के बारे में?
अल्फाज़ नहीं हैं मेरे पास।

खो गए पिता

खो गए पिता मेरे, ढूंढती मैं इधर – उधर,
आँखे तरस गई मेरी, नहीं पिता की कोई खबर।।

क्या करूँ? किससे पूछूँ? कहाँ ढूंढू पिता को?
दिल मेरा घबराता बहुत पिता की नहीं कोई खबर।।

एक आहट सी होती है चौंक जाती हूँ मैं,
दरवाज़े पर नज़र घुमाती हूँ कई बार मैं।
दिखाई नहीं देते पिता पर यादें आ जाती हैं,
आँखो में फिर मेरे उदासी छा जाती है।।

कोई करिश्मा दिखा प्रभु कमाल कर दे ऐसा,
मिला दे मेरे पिता से अहसान कर दे ऐसा।।

दया कर मुझ पर मेहरबानी होगी तेरी,
आँखो में आँसू रुकते नहीं दिखा दे पिता की कोई छवि।

ना जाने किस मोड़ पर अब मिलेगें पिता जी,
पहचानेगें अपनी गुड़िया को या भूलेगें वो गली?
नहीं भूलने देगी शाहाना अपने पिता को कभी भी,
चाहे हो कुछ भी पिता लौटेगें फिर उसी गली।

खो गए पिता मेरे ढूंढती मैं इधर – उधर,
तरस गई आँखे नहीं पिता की कोई खबर।।

कोई हो नहीं सकता

तुमसे प्यारा जहाँ में कोई दूसरा नहीं है,
मेरे पिता जितना अच्छा कोई और नहीं है।
ना होकर भी वह आज हैं पास मेरे,
उनके जैसा प्यारा साथी कोई और नहीं है।।

कहने को थे पिता जी पर अच्छे मित्र थे मेरे,
बचपन से बड़े होने तक चले संग– संग मेरे।
केवल उँगली पकड़कर चलना ही नहीं सिखाया,
जब भी मैं गिरी संभलना भी मुझे सिखाया।

इस जहाँ में पिता जैसा कोई दूसरा नहीं है।
मेरे पिता जितना अच्छ कोई और नहीं है।

जब कभी लड़खड़ाई, डगमगाई राह में मैं,
पिता ने प्रेम से दुलार से हाथ पकड़ा मेरा।
हर कठिनाई से बचाकर बाहर लाए मुझे,
हर कदम सहारा देकर आत्मविश्वास बढ़ाया मेरा।

इस जहाँ में पिता जैसा कोई दूसरा नहीं है।
मेरे पिता जितना अच्छ कोई और नहीं है।

शिक्षा में अव्वल रही सदैव उनके ही दम पर,
आज मैं "शिक्षित नारी" मेरे पिता के ही बल पर।
पिता जी चाहें कही भी हो आप रहोगे मेरे पास,
तारा बन चमकते घर आँगन में देते मुझे आशीर्वाद।

इस जहाँ में पिता जैसा कोई दूसरा नहीं है।
मेरे पिता जितना अच्छा कोई और नहीं है।

आपकी बातें याद बनकर करती मेरा मार्गदर्शन,
अकेला नहीं होने देती चलती मेरे संग संग।
आपकी शिक्षा के ही सहारे मैं आज यहाँ तक आई हूँ,
आपको अपने पास महसूस कर कुछ पंक्तियाँ यहाँ लिख पाई हूँ।

इस जहाँ में पिता जैसा कोई दूसरा नहीं है।
मेरे पिता जितना अच्छा कोई और नहीं है।
मेरे पिता जितना अच्छा कोई और नहीं है।।

जाने वाले नहीं लौटते

क्यूँ चले जाते हैं छोड़ कर हमें
लौट पाते नहीं फिर कभी।
किसने बनाया यह नियम
क्यूँ हम तोड़ पाते नहीं?

कोई कर कुछ पाता नहीं,
जाने वाले पर फर्क पड़ता नहीं,
कहते यह बात लोग सभी,
फिर क्यूँ मिलने आत्मा आती नहीं?

तड़पते रहो चाहे जितना,
किसी पर फर्क पड़ता नहीं।
आह निकले या दुखी हो हृदय,
बदलने की हम सोच पाते नहीं।

आत्मा नहीं मरती ज़िंदा रहती है
कहते यह बात सभी।
फिर आती नहीं क्यों मिलने?
हम उसे क्यूँ देख पाते नहीं?

पिता का अहसास

आज नहीं आप पर, अहसास है आपका,
रहता हर वक्त साथ मेरे, दिया ज्ञान आपका।
नहीं भूल सकती कोई बेटी अपने पिता को,
मेरे दिल में धड़कता दिल है पिता आपका।

बेटियों को पिता की याद बहुत आती है,
रातो को ख्वाबो में यादें बहुत रुलाती हैं।
चाँद में सूरत पिता ही की नज़र आती है,
कभी ना खत्म होने वाला अहसास पिता आपका।

पिता आपका चेहरा देखती हूँ आईने में,
जब देखती हूँ खुद को मैं आईने में।
आप नहीं होकर भी हैं मेरी कविताओं में,
मेरी किताब का हर पन्ना दिवाना पिता आपका।

मेरी दुनिया मेरी सहेली मेरे गुरू थे आप पापा,
मेरे सपनो की सुंदर ताबीर आप ही हैं पापा।
मेरी हर सफलता आपके नाम से होकर गुज़रती है।
मेरी ज़िंदगी से जुड़ा हर लम्हा पिता आपका।

आपकी आवाज़ पापा रहेगी सदा मेरे साथ,
अंधेरो में उजाला बन प्रशस्त करेगी मेरा मार्ग।
मै आगे बढ़ करूगीं आपका नाम गौरान्वित,
हर जनम में मिले साथ पिता आपका।

पिता की आवाज़

आपकी आवाज़ एक जादू थी पापा,
जो अच्छे बुरे का अहसास कराती थी।
जब भी मैं कही भटक जाती थी मार्ग,
आपकी आवाज़ मुझे मार्ग दिखाती थी।
आपका आवाज़ देकर मुझे बुलाना,
मुझमें नया उत्साह भर देता था।
जैसे खड़ा हो गया हो कोई सुरक्षा कवच,
आपकी आवाज़ मुझे प्रकाश दिखाती थी।
माता पिता का स्वर अनमोल संतान के लिए,
अच्छे भविष्य का निर्माण करता है।
आवाज़ संग चलते बच्चे सही मार्ग पर,
यही आवाज़ संतान का जीवन निखारती है।
आज नहीं आप पर अहसास है आपका,
रहता हर वक्त साथ मेरे, दिया ज्ञान आपका।
नहीं भूल सकती कोई बेटी अपने पिता को,
मेरे दिल में धड़कता दिल है पिता आपका।
कभी ना बिछड़े कोई पिता अपनी बेटी से,
कभी ना छूटे साथ ना रूठे पिता बेटी से।
ना जाने किसने बनाया यह नियम जगत में,
बेटी क्यों चली जाती मायका छोड़ के?
यही दूरी जो बेटी और पिता के बीच आकर खड़ी हो जाती है,
ना जाने क्यूँ पिता बेटी को तड़पने को मजबूर किए जाती है?
काश! हो ऐसा यह नियम बदल जाए,
अगर ना जाना चाहे बेटी तो पिता को छोड़कर कभी ना जाए।।

कुछ शायरी पिता के लिए...

1. दुनिया की भीड़ में,
   दूर से नज़र आने वाला रिश्ता,
   पिता का होता है,
   जिसकी महक से आस पास का चमन
   खिल उठता है ।

2. सिमटकर रह गये वो लम्हें जो बिताए पिता के साथ ।
   पर आज भी वही लम्हें मुझे जीना सिखा रहे हैं ।
   यह ज़िंदगी कब की खत्म हो चुकी होती 'शाहाना'
   अगर पिता के शब्दों की डोर दिल से बंधी ना होती ।

3. बहुत लोग आए ज़िंदगी में और चले गए ।
   पर मेरे पिता जैसा कोई ना मिला ।

4. आपका नाम जिसने मुझे पहचान दिलाई,
   आपका अहसास जिसने मेरे लफ्ज़ सजाए ।
   मेरी सांसो की सरगम मेरे पिता आप हैं,
   आज नहीं आप पर फिर भी मेरे साथ हैं ।

5. चूमती हूँ अपने हाथो को बार –बार कई बार मैं,
   देखती हूँ पकड़ कर अपने हाथों को दिन में कई बार मैं ।
   ना जाने कौन सी थी वो उंगली जिसे पकड़कर पिता मुझे चलना सिखाते थे?
   ना जाने कौन सी बाह का झूला वह मुझे झुलाते थे?

6. क्या करूँ , किससे करूँ बात?
   कोई चेहरा मेरे पिता जैसा नहीं है ।

7. मेरी हसी के पीछे छुपे दर्द को
    पल में पहचान लेते थे,
    अपने पास बैठाकर फिर
    मुझसे घंटो बात किया करते थे।
    ज़रा सी आवाज़ क्या बदली मेरी,
    मेरी बिगड़ी तबीयत का
    अंदाज़ा लगा लिया करते थे।
    आज सब पीछे छूट गया ,
    पिता के जाते ही 'शाहाना' वक्त भी रूठ गया।
    अब ना कोई बात करता है ढंग से ,
    ना समझता है दिल को।
    पिता के जाते ही रिश्तो में
    बसा प्यार प्रेम भी लुप्त हो गया।।

8. खुदा मत कर ऐसा जुल्म किसी बेटी पर,
    कि उससे उसके पिता दूर हो जाएं।
    कर दे कुछ करिश्मा ऐसा अनोखा,
    करे बेटी याद पिता को और
    पिता हाज़िर हो जाएं।।

9. पिता के चेहरे की झुर्रियों को कभी कम मत आंकना दोस्तों,
    इन्हीं झुर्रियों ने आज हमें काबिल बनाया है।
    पिता ने दी हमें हर वो खुशी ,,
    जिस खुशी ने हमारी ख्वाहिशों को सजाया है।
    कभी न भूलना पिता के कार्यों व कर्तव्यों को,
    आज हमें कामयाबी की सीढ़ी तक पिता ही ने पहुंचाया है।

10 . दर्द रुकता नहीं कहाँ जाऊँ?
किससे करूँ बात?
मेरे पिता जैसा कोई नहीं इस जहां में ।।

11. बनकर परछाई खड़े रहे मेरे साथ
मुझे धूप और ठंड से बचाते रहे
तलाश है आज भी मुझे उस परछाई की
जो मेरे ख्वाबों को सजाते रहे।
नहीं पास आज आप मेरे पर,
यादें आज भी साथ हैं आपकी।

12. नहीं आप मेरे लिए मरहूम
ना ही कभी होगें ....
मेरे लिए मेरे पिता आज भी ज़िंदा हैं,
मेरे दिल में धड़कन बन धड़क रहे हैं जो ।।

13. अक्तूबर का महीना , 24 तारीख थी
जब मेरे पिता चले गए छोड़कर मुझे।
जाते जाते अपने साथ मेरी हसी ले गए,
मुझे तड़पता छोड़ कर आँखो में आँसू दे गए।।
आई लव यू डैडी....

14. डैडी आ जाओ लौटकर
आपके बिना ज़िंदगी ,
बेबस और मजबूर लगती है।
रातों को जगाती है और
खामोशियों का सफर लगती है।।

15 . लिख दो एक ख़त जहां भी हो प्लीज़,
अब और इंतज़ार नहीं होता।
खुदा क्या तुझे रहम नहीं आता?
एक बेटी को उसके पिता से अलग कर दिया?

16 . मेरी कहानी बीच में अधूरी छोड़ गए,
इस दुनिया में बेटी को तन्हा छोड़ गए।
आपकी ज़रूरत है बहुत आपकी गुड़िया को,
सफर पूरा होने से पहले ही छोड़ गए।

17 . इतना अहसास कर मुझ पर ऐ मालिक,
अगर दोबारा जनम मिले तो
मेरे पिता की गोद ही मुझे मिले।

18 . सूना आँगन , सूनी कहानी , सूना किरदार,
आपके बिना सब कुछ अधूरा है डैडी।

19 . मैं जानती हूँ आप मर नहीं सकते,
क्योंकि आपने वादा किया था मुझसे,,
ज़िंदगी भर मेरे साथ रहेंगें , मेरे सामने रहेंगें,,,
मुझसे फोन पर बातें करते रहेंगें।
2017 के बाद आखिर क्या हुआ?
आपका फोन नहीं आता?
आप सामने नहीं आते?
इसे क्या समझूं कि
आपने अपना किया वादा पूरा नहीं किया?

20. कुछ दर्द ऐसे होते हैं जो दिखाए नहीं जा सकते
    बस उन्हें महसूस किया जा सकता है।

21. काश! होते पिता तो बात ही कुछ और थी,
    यादों का ना होता समंदर खुशी कुछ और थी।
    कर कुछ सकती नहीं सिवाय महसूस करने के,
    होती ख्वाहिश पूरी तो बात ही कुछ और थी।।

22. पिता की आँखो को आज भी ढूंढती हूँ मैं अपने आस पास,
    महसूस करती हूँ अपने प्यारे पिता की हर बात।
    उनसे बातें करना और खिलखिलाकर हसना
    देता है सहारा 'शाहाना' को दिन और रात।।

23. बीती हर बात याद है,
    बचपन की हर कहानी याद है।
    जब आप गोद में उठाकर सुलाया करते थे,
    मेरे मुख को देख फिर धीरे से मुस्कुराया करते थे।

24. पिता के जाने के बाद महसूस हुआ दुनिया बड़ी बेरहम, जीने नहीं देती।
    अगर साथ ना होती पिता की सीख और नसीहतें तो,
    'शाहाना' अब तक खत्म हो चुकी होती।
    एक बेटी के लिए पिता का होना कितना ज़रूरी कोई पूछे मुझसे,
    अगर ना होती शिक्षा साथ पिता की तो
    शायद आज 'शाहाना' न होती।

गद्य

आलेख...

अटूट रिश्ता पिता के साथ

पिता का रिश्ता भी माता के समान अटूट है,

सदा रहता संतान के हक़ में,,

हर रिश्ते से होता मज़बूत है।

कभी टूट नहीं सकता,

बिखरकर चूर हो नहीं सकता, किन्हीं बातों में।

रिश्तो की शुरुआत होती इस रिश्ते ही से,

ये रिश्ता सबसे ख़ास हर रिश्ते में।

माता पिता संतान की दो आँखे,

संतान करती अपने सभी सपने पूरे।।

"पिता" से सजता परिवार (आलेख)

पिता, पापा, वालिद, अब्बा, डैडी, जनक, पितर, पित्र, पितृ, पितु आदि शब्द पिता के लिए प्रयुक्त हुए हैं। ये ऐसे शब्द हैं जिनको सुनने के बाद सुरक्षा, अदृश्य स्नेह, प्रेम आदि भावनाएं सामने प्रकट हो जाती हैं। पिता सब बच्चों की जान होते हैं और एक ऐसा भरोसा कि पिता हैं तो समझो सारे संकट, मुसीबतें पल भर में दूर हो जायेगीं।

पिता शब्द का अर्थ जानते हैं...

पिता संस्कृत के "पितृ" शब्द से बना है। ऐसा माना जाता है कि इस शब्द की व्युत्पत्ति 'पा' धातु से हुई है, जिसका अर्थ होता है, 'रक्षा करना' या साधारण शब्दों में यह भी कह सकते हैं कि पालन पोषण करना। अत: पिता का मुख्य कार्य अपने परिवार के सदस्यों की रक्षा करना, उन्हें सुरक्षित जीवन देना और परिवार का पालन पोषण करना है। पिता परिवार का मुखिया होता है इसलिए परिवार की शारीरिक मर्यादा व सामाजिक प्रतिष्ठा दोनों का उतरदायित्व पिता के कंधो पर ही होता है। उसका परिवार पर पूर्ण अधिकार होता था। पिता को 'गृहस्वामी' या मालिक भी कहते हैं। परिवार के सभी सदस्य पिता को अत्यंत आदर और सम्मान की दृष्टि से देखते हैं। वह अपने कार्यो से परिवार का निर्विवाद, सर्वोच्च, सम्मानित व्यक्ति होता है।

जिस प्रकार माँ बच्चों की ज़िंदगी होती है ठीक वैसे ही पिता का रिश्ता भी संतान के लिए अनमोल व बेहद ख़ास होता है।

"वह पिता ही है जिस के कंधे पर सिर रखकर एक पुत्र आराम से सोता है....
वह पिता ही है जिसके घर लौटकर आने पर घर का चूल्हा जलता है...
वह पिता ही है जो निभाता है जिम्मेदारियाँ परिवार की....
वह पिता ही है जो परिवार को सम्पूर्ण सुरक्षा देता है।।"

मनुस्मृति में भी कहा गया है कि 'पिता मूर्तिः प्रजापतयते' अर्थात् पिता अपनी संतान के लिए आदर्श होता है। जिससे संतान सीखती है और उससे प्रेरित होकर अपने कार्यों को करती है। संतान के लिए जितनी महत्वपूर्ण माँ होती हैं उतने ही "पिता" भी होते हैं। यदि माँ बच्चे को जन्म देती है तो पिता उसका पालन भी करते हैं। बच्चो के उज्जवल भविष्य के लिए कड़ी मेहनत करते हैं। पिता ही पुत्रों को प्रारम्भिक शिक्षा देते हैं। पिता के आधे से अधिक गुण संतान में आते हैं। आपने अक्सर ऐसा कहते सुना भी होगा कि "यह अपने पापा पर गया है। इसकी आदतें विचार सब इसके पिता जैसे ही हैं।"

पिता का स्थान कोई नहीं ले सकता।
"यह धरती यह आकाश है सब हमारा,
जब पिता का सिर पर हाथ वहीं सवेरा।
अंधेरो में भी हम चल सकते हैं,
पिता को महसूस कर सकते हैं।
हमारा मार्ग दर्शन हमारी पहचान है पिता,
संतान के दुख- सुख में शामिल हैं पिता।।"

पिता के आँसू

कहते हैं कि एक औरत सबके सामने रो सकती है और अपना दुख चीखकर- चिल्लाकर सबको बता सकती है परन्तु पिता अंदर ही अंदर अपनी भावनाओं को दबाकर रखता है। वह अंदर ही अंदर घुटता रहता है परन्तु अपने आँसू आँखो से बाहर नहीं आने देता।

पिता का दिल भी धड़कता है,
अपनी संतान के लिए तड़पता है।
पिता के आँसू होते हैं नियंत्रित
पर अंदर से पिता भी रोता है।

आज इस किताब को लिखने के पीछे मेरा एक उद्देश्य छुपा हुआ है मेरे पिता के प्रति मेरा स्नेह और मेरे पिता का महान जीवन। मैं अपने इस संकलन में अपने पिता की वो सभी बातें आप सबके साथ साझा करना चाहती हूँ,,, मेरा यह संकलन सभी पिताओं को धन्यवाद ज्ञापित करता है जो अपनी संतान व परिवार को सही दिशा दिखाकर उनका मार्ग दर्शन करते हैं। जिस प्रकार एक माता के बिना परिवार का मूल्य कुछ नहीं है वैसे ही पिता के बिना भी किसी परिवार को पूर्ण नहीं माना जा सकता। परिवार की नींव पिता जिस पर परिवार टिका। जो स्मृति बनकर मेरा मार्ग दर्शन कर रही हैं।

मेरी यह किताब संसार के सभी पिताओ को समर्पित है....

पिता कोई पत्थर नहीं कि उसमें हृदय ना हो,
पिता कठोर भी नहीं कि
संतान की बात ना समझता हो।
पिता मजबूत खंभा है जिसपर परिवार टिका है,
जब छोड़कर जाता है तो पूरा परिवार रोता है।।
पिता जी तो पिता जी होते हैं चाहे किसी के भी हों...

जनाब यूसुफ अली साहब का परिचय

तिथि   : 1939 – 2017

नाम   : श्री यूसुफ अली

जन्म तिथि   : 10/07/1939

मृत्यु   : 24/10/2017

पिता का नाम : श्री अल्लाह राजी

माता का नाम : श्रीमती रहमती

पता   : गाँव फतेहपुर, पोस्ट कांधला जिला मुजफ्फरनगर (उत्तर प्रदेश)

यूसुफ अली जी के दो बड़े भाई

1. श्री शकूरा अली

2. श्री मजीद अली

चार बहनें

1– श्रीमती मजीदन (हरसोली गाँव में)

2– श्रीमती मकसूदी (सिंधावली)

3– श्रीमती नन्ही (इदरीसपुर बाघपत)

4– श्रीमती सकीना (दिल्ली में)

यूसुफ अली जी के चाचा

1. श्री रसूला

2– श्री मामूदीन उर्फ ममना

3– श्री सुलेमान

यूसुफ अली जी की शिक्षा

प्राइमरी एजूकेशन– पंजोखरा गाँव में

दसवीं – नेशनल इंटर कॉलेज कालेज कांधला से

ग्रेजुएट के तुरंत बाद नेशनल इंटर कॉलेज कांधला में अध्यापन कार्य किया जिसमें सैलरी 60 रुपये महीना प्राप्त की। उसके बाद बैक मैनेजर और फिर को-ओपरेटिव बैक शाखा और सहकारी समिति के जिला चेयरमैन चुने गये।

जनाब यूसुफ अली के बड़े भाई श्री मजीद अली का परिचय

पत्नी : श्रीमती जीमन

पुत्र : श्री अनवर अली, श्री जमशेद अली, श्री नवाब अली, श्री खुर्शीद अली, श्री शौकीन अली, श्री शाहीद अली

पुत्री : श्रीमती सईदा, श्रीमती वसीला

श्री मजीद अली के बड़े पुत्र का परिवार

1. श्री अनवर अली

पत्नी : श्रीमती निसा

संतान : उमर फारुख, शाहरुख, फातिमा

2. श्री जमशेद अली

पत्नी : श्रीमती आमना

संतान : फातिमा, नजमा, उसमा, मेहताब अली

3. श्री नवाब अली

पत्नी : श्रीमती इसराना

संतान : सोनम, नर्गिस, गुलाब, नगमा, अली

4. श्री खुर्शीद अली

पत्नी : श्रीमती सानिया

संतान : हिना, शाहीन, शाज़िया, हैदर अली, जोया

5. श्री शाहिद अली
पत्नी : श्रीमती असमा रानी
संतान : अर्श अली उर्फ लक्की, अब्दुल अहद, सुलेमान अली

6. श्री शौकीन अली
पत्नी : श्रीमती हारूना
संतान : साहिल, सुहाना, समर

श्री यूसुफ अली जी
पत्नी : श्रीमती शमीम आरा
संतान : शाहाना परवीन, सरदार अली

शाहाना परवीन
संतान : तमन्ना , अलीशा

श्री सरदार अली
पत्नी : शाहीन अली
संतान : इरम अली, हादी अली

परिचय विस्तार से जानते हैं...

पूर्वी यमुना नहर के किनारे बसा एक छोटा सा गाँव नाम – "फतेहपुर", जो पहले मुजफ्फरनगर जिले में था परन्तु अब शामली में आता है। सुंदर वादियो से घिरा खूबसूरत गाँव, जहाँ हरियाली का वास है। कहा जाता है कि गाँव में पानी पीने के लिए चार कुएं थे जो सदैव शुद्ध पानी से भरे रहते थे। अपने खेतो में खेती करते व हल जोतते किसान गाँव को और भी सुंदर रूप दे देते थे। इस गाँव की सबसे विशेष बात हर जाति धर्म का व्यक्ति यहाँ मिल जायेगा। आज भी ऐसा ही है।

फतेहपुर गाँव में गुज्जर, ब्राह्मण, कश्यप, बाल्मीकि, अंसारी, लुहार, नाई और एक घर जोगी ये सभी जाति के लोग मिलजुल कर रहते थे और आज भी रह रहे हैं। कभी भी जाति को लेकर किसी के भी बीच कोई भेद भाव या विवाद नहीं हुआ।

यह प्यारा सा गाँव यूसुफ अली जी का है। जहाँ दूर तक चारों ओर हरियाली ही हरियाली फैली है। जिसके पूर्व में पूर्वी यमुना नहर और पश्चिम में छोटी नहर है। यहाँ आकर इंसान को अपार सुख व शांति की अनुभूति होती है। 10 जुलाई सन् 1939 को उत्तर प्रदेश के गाँव फतेहपुर जो कांधला के पास है,, श्री अल्लाह राजी व माता रहमती, जिन्हें सब "लाली" कहकर पुकारते थे, के घर एक बालक ने जन्म लिया। यह बालक यूसुफ अली जी थे।

इस परिवार में यूसुफ अली जी से पहले भी पहले भी कई संताने जन्म ले चुकी थीं परंतु युसूफ अली जी सबसे छोटे पुत्र के रूप में सबके बेहद प्रिय थे। अल्लाह राजी यानि कि युसूफ अली के पिता जी अपने जमाने के सबसे बडे लाठी चालक अर्थात लाठी चलाने वाले थे और वह 10–15 आदमियों को अकेले मार गिराते थे। उनकी बहादुरी की चर्चाएं बहुत दूर तक हुआ करती थीं। उनको आस पास के गाँवो में सम्मानित दृष्टि से देखा जाता था। अल्लाह राजी जी का व्यवहार बहुत मधुर था। सबकी सहायता करना व सबके साथ प्रेम से रहना उनके व्यवहार में शामिल था।

यूसुफ अली जी के दो भाई शकूरा अली व मजीद अली थे। चार बहने मजीदन, मकसूदी, नन्ही व सकीना थीं। दोनों भाईयो और चार बहनो में सबसे लाडले थे यूसुफ अली जी यह बचपन ही से होनहार, बुद्धिमान, कुशाग्र बुद्धि बालक थे। शिक्षा में इनकी गहन रुचि थी। युसूफ अली के पिता एक किसान थे। यूसुफ अली जी के चाचा श्री रसूला, श्री मामूदीन उर्फ ममना, श्री सुलेमान थे सब खेती बाड़ी करते थे। सबके अपने खेत खलिहान थे।

मिलनसार परिवार : यूसुफ अली जी का परिवार काफी मिलनसार था। गाँव में सभी धर्म के

लोग आपसी प्रेम भाव के साथ रहते थे। सब एक दूसरे के घर आते जाते थे और भोजन, नाश्ता आदि साथ ही में किया करते थे। किसी को जब भी सहायता की आवश्यकता होती एक दूसरे के लिए तत्पर रहते थे। यूसुफ अली जी के पिता जी का गाँव में बड़ा रुतबा था। सब उनकी बात मानते थे। सब उनसे डरते भी थे क्योंकि वह सिद्धांतवादी पुरुष थे। यूसुफ अली जी बचपन ही से सत्य को स्वीकार करने वाले बालक रहे हैं। उनका कहना था "सच कहकर बात को वहीं खत्म कर दो। अगर झूठ बोलोगें तो बात बहुत लंबी हो जायेगी और अपना महत्व खो देगी।"

शिक्षा प्रेमी : यूसुफ अली जी को शिक्षा से बहुत प्रेम था। यह माना कि उनके घर परिवार में सब खेती किया करते थे परंतु यूसुफ अली ने शिक्षित होकर नौकरी करने के विषय में अपने विचार परिवार को पहले ही से बता दिए थे। माता पिता ने कभी भी अपनी राय यूसुफ अली पर नहीं थोपी। उन्होनें पुत्र की खुशी में ही अपनी खुशी ढूंढते हुए बेटे को शिक्षा ग्रहण करने की आज्ञा दे दी।

यूसुफ अली जी ने बचपन में अपने गाँव के छोटे स्कूल से पढ़ना आरंभ किया। इनकी प्राइमरी शिक्षा पंजोखरा गाँव में हुई। दसवीं की शिक्षा नेशनल इंटर कॉलेज कालेज कांधला से की। आगे की पढ़ाई शहर जाकर शुरू की। इस बीच बहुत सारी समस्याओं ने उनको परेशान भी किया, पर वह घबराए नहीं, हिम्मत से आगे बढ़ते रहे।

इस बीच देश में आज़ादी के लिए संघर्ष भी हुए। 1947 में स्वतंत्रता संग्राम भी हुआ तब यह काफी छोटे थे। इनके गाँव में देश प्रेम की बातें हुआ करती थी तब यह सब सुनते थे। कहते थे कि अगर "मैं बड़ा होता तो दुश्मनों के छक्के छुड़ा देता और अपने देश से इन्हें बाहर खदेड़ देता।"

इन्होने अपनी शिक्षा जारी रखी। गाँव से बहुत दूर पढ़ने जाते थे पर पढ़ाई से कभी जी नहीं चुराया और यूसुफ अली जी ने अपने परिश्रम व लगन से गाँव का नाम रौशन किया। अपने दृढसंकल्प व मेहनत से यह गाँव के सबसे पहले ग्रेजुएट व्यक्ति बन कर सामने आए। इससे पहले फतेहपुर गाँव में कोई भी स्नातक नहीं था। यूसुफ अली जी ने ना केवल अपने माता पिता का नाम गौरान्वित किया बल्कि गाँव में एक मिसाल कायम कर गाँव के नाम को भी चार चाँद लगा दिये।

"परिश्रम करता चल मानव,
रुक कर ठहर जाना नहीं।
मंज़िल मिल जायेगी एक दिन,
अंधेरो से घबराना नहीं।।"

स्नातक करने के तुरंत बाद नेशनल इंटर कॉलेज कांधला में अध्यापन कार्य किया। जिसमें सैलरी 60 रुपये प्रति महीना मिलती थी। यह बहुत प्रसन्न रहते थे। इन्होनें अपने जीवन में और आगे बढ़ने के बारे में सोचा। क्योंकि यूसुफ अली जी ने उस समय में बी कॉम किया था जब बहुत कम लोग पढ़ना लिखना जानते थे और शिक्षा के क्षेत्र में लोगो का ज्ञान अल्प था। इन्होंने बैंकिंग की परीक्षा की तैयारी की और परीक्षा उत्तीर्ण कर ली। इनकी मेहनत रंग लाई और यह बैंक में ब्रांच मैनेजर के पद पर आसीन हो गए। इसके पश्चात ज़िला मुजफ्फरनगर उत्तर प्रदेश में, को-ऑपरेटिव बैंक शाखा और सहकारी समिति के जिला चेयरमैन चुने गये। नौकरी करने के लिए गाँव से बाहर तो जाना ही था। अब वह गाँव में नहीं रह सकते थे। वह शहर शामली आ गये। पर वह अपनी जन्मभूमि अपना प्रिय गाँव नहीं भूले और अपने माता, पिता भाईयो आदि सभी से निरन्तर मिलते रहे।

"खुशी होती है बहुत.....
जब चर्चा होती कामयाबी की,
यही कामयाबी खुशी बनकर
ज़िंदगी में निखार लाती है।"

जितना जानती हूँ वही लिख रही हूँ....

मैं अपने पिताजी के विषय में जितना भी जानती हूँ इस किताब के माध्यम से आप सभी तक पहुंचाना चाहती हूँ। कुछ अनमोल और सदा जीवित रहने वाली बातें जो मुझे याद हैं मैं आप सभी के साथ साझा करना चाहूगीं। मैं और मेरा भाई सरदार अली जिसे सब गुड्डू कहकर बुलाते हैं अपने पिता जी को 'डैडी जी' कहकर बुलाया करते थे।

हमें बहुत अच्छा लगता था अपने डैडी जी का साथ।
मैं यहाँ वही सब लिख रही हूँ जितना मैं जानती हूँ....

"आह निकलती मन से
फिर से पुकारना चाहती हूँ।
मैं अपने डैडी जी को
सामने देखना चाहती हूँ।।
आँखे भरी हैं मेरी
मैं बहुत कुछ लिखना चाहती हूँ,
मैं अपने डैडी जी को
सामने देखना चाहती हूँ।।"

लौट आओ डैडी
एक बार ही सही पर आ जाओ...

यूसुफ अली जी का विवाह

अब यूसुफ अली जी की आयु विवाह योग्य हो चुकी थी। यूसुफ अली जी का विवाह उनकी बड़ी बहन श्रीमती मकसूदी जी ने उत्तर प्रदेश के मुजफ्फरनगर ज़िले के रहने वाले टेलर मास्टर जनाब ऐनूद्दीन जी की सबसे बड़ी सुपुत्री शमीम आरा जी से करवा दिया। शमीम आरा जी उस समय की हाई स्कूल उत्तीर्ण महिला थीं। इनके पाँच बहने व तीन भाई थे। ईशरत जहाँ, ज़रीना अंजुम, शाहीन, नजमा, शमा और तीन में से जीवित केवल एक भाई ज़हीर अहमद।

यूसुफ अली जी की पत्नी श्रीमती शमीम आरा जी के बारे में जानते हैं.....

श्रीमती शमीम आरा जी जनाब श्री ऐनूद्दीन साहब की सुपुत्री हैं इनका जन्म ज़िला मुजफ्फरनगर में हुआ था। पाँच बहनो और तीन भाईयों में सबसे बड़ी बहन शमीम आरा जी का व्यक्तित्व अपने आप में बेमिसाल था। चुलबुला अंदाज़, मृदुल भाषी व मिलनसार व्यवहार की यह कन्या थीं और अपने मौहल्ले में सबसे बात करना व मिल जुलकर रहना इन्हे बहुत प्रिय था।

यूसुफ अली जी की पत्नी का परिचय

श्रीमती ज़रीना अंजुम
पति : श्री महबूब हसन
संतान : मारूफ, मेहताब, खुशनूद, रेशमा

श्रीमती इशरत जहाँ
पति : श्री नूरुद्दीन
संतान : असमा रानी, हीना कौसर

श्रीमती शाहीन रहमान
पति : श्री आसिफ
संतान : फरहा, सना, रवीश

नजमा परवीन
पति : श्री इकबाल
संतान : वसीम, उज़मा

शमा रहमान : जिनका विवाह किसी हादसे के कारण सफल नहीं हो पाया और यह अपने मायके में ही रहती हैं।

शमीम आरा जी के भाई श्री ज़हीर अहमद साहब, पत्नी श्रीमती हसीना बेगम इनके एकमात्र पुत्र है साहिल मुगीज़। शमीम आरा जी विवाह के बाद यूसुफ अली जी के साथ ही रहीं। वह जानती थीं कि उनके पति गाँव के रहने वाले हैं और वह शहरी महिला हैं परंतु उन्होनें अपने पति को पूरा सहयोग दिया और उनका साथ निभाया। कभी भी उन्हें यह अहसास नहीं होने दिया कि वह शहर की रहने वाली हैं और पति गाँव के।

"जीवन साथी मिले ऐसा जो निभाए साथ सुख दुख में...
जीवन चले खुशी खुशी साथ निभाए हर लम्हें में।

संस्कार माता– पिता के रहते साथ सदा,

करते मार्गदर्शन संतान का, भविष्य निखारते सदा।।"

शमीम आरा जी जितनी अच्छी पत्नी रहीं हैं उतनी ही अच्छी एक कामयाब माँ भी हैं। इनके और यूसुफ अली जी के दो संताने हैं पुत्री शाहाना परवीन व एक पुत्र सरदार अली सरदार अली की पत्नी का नाम शाहीन अली है और इनके एक पुत्री इरम अली व एक पुत्र हादी अली है।

शाहाना परवीन की दो पुत्रियाँ हैं तमन्ना और अलीशा। यूसुफ अली जी व शमीम आरा ने अपने दोनो बच्चों को अच्छे संस्कार दिए और यही समझाया कि इंसान चला जाता है परंतु उसके अच्छे कर्म सदा जिंदा रहते हैं।इसलिए हमेशा वही काम करो जिससे लोग तुम्हें कभी ना भूलें और तुम्हारे अच्छे कामों को सदैव याद रखें।।

एक अच्छे माता पिता के सभी गुण इन दोनो में जीवन भर रहे।।

यूसुफ अली जी का घर

यूसुफ अली जी बैंक मैनेजर के पद पर आसीन थे और परिश्रमी व्यक्ति थे। आरंभ में कुछ वर्षों तक यह शामली और बुढ़ाना में किराए के मकान में रहे। यहाँ तक की विवाह के बाद भी यह अपनी पत्नी शमीम आरा जी के साथ किराए के घर में ही रहते रहे। तत्पश्चात इनका स्थानांतरण उत्तर प्रदेश में ही ज़िला मुजफ्फरनगर में हो गया। यह अपनी पत्नी के साथ यहाँ भी किराए के घर में रहने लगे। किराए के मकान ही से बैंक की नौकरी करने जाते रहे।

मन से दयालु प्रवृति के यूसूफ अली जी के घर जल्दी ही एक बेटी ने जन्म लिया। जिसका नाम इन्होनें रखा "शाहाना परवीन", जिसे सब प्यार से गुड्डी/ बेबी /गुड़िया बुलाते थे। यूसुफ अली को तो जैसे खिलौना मिल गया हो। वह अपनी बेटी से बहुत स्नेह करते थे। उन्होनें तुरंत ही अपना निजी मकान बनाने की इच्छा व्यक्त की और उत्तर प्रदेश के ज़िला मुजफ्फरनगर, रामपुरम में बैंक कालोनी में एक प्लॉट खरीद लिया।

यूसुफ अली को लगने लगा था कि अब उनकी बेटी संसार में आ चुकी है, उनका अपना परिवार बन चुका है तो अब मकान बनाना अधिक श्रेष्ठ रहेगा। मकान बनाना आसान काम नहीं होता। समय लगा पर, एक डेढ़ साल में दो कमरो का घर यूसुफ अली जी का तैयार हो गया। प्लॉट काफी बड़ा था। जिसमें तीन कमरे, एक किचन, बरामदा, रसोई, टॉयलेट बाथरूम बन चुके

थे। बड़ा सा आंगन था। बरामदे में लोहे का एक मज़बूत खंबा लगा था। घर में चैन आराम बहुत था। खुली जगह.पर यूसुफ अली जी ने पेड़ पौधे लगाए थे। गमलो में सब्जियाँ ,फूल व तुलसी के पौधे लगे हुए थे। इनके बगीचे में चारो ओर हरियाली ही हरियाली थी।

शाहाना परवीन के जन्म के एक – दो साल बाद एक पुत्र ने जन्म लिया जिसे सरदार अली नाम दिया गया। इसे प्रेम से "गुड्डू" बुलाते थे । अब यूसुफ अली जी का सपना था "हम दो हमारे दो।" उन्हें सब कहा करते थे कि और संताने होनी चाहिए पर वह हमेशा यही कहते संतान कम हो या अधिक उसकी परवरिश अच्छी होनी चाहिए। अपने दोनो बच्चों को बेइंतहा चाहते थे यूसुफ अली जी...

"प्यार दुलार बसा था मन में ,
बहुत खुश रहते थे पिता ।
बच्चों को अपने देख कर,
हर दिन जीते थे पिता ।।"

सरदार अली और शाहाना परवीन को अच्छी से अच्छी परवरिश देने में यूसुफ अली जी ने कोई कसर नहीं छोड़ी।

"शिक्षा मनुष्य को बुद्धिमान बनाती है उसमे सोचने समझने व निर्णय लेने की क्षमता उत्पन्न करती है।" ऐसा यूसुफ अली जी का मानना था।

प्रकृति प्रेमी

श्री युसूफ अली जी गाँव से ताल्लुक रखते थे। प्रकृति उनको विरासत में मिली थी। जहाँ भी कहीं कोई पौधा या पेड़ दिखाई देता, वहीं वह उसकी सेवा करने लग जाते थे। पौधो को पानी देना, खाद डालना और उचित देखभाल यूसुफ अली जी के स्वभाव में शामिल था।

इनके घर के दोनो ओर, आगे पीछे काफी जगह बची हुई थी, वहाँ इन्होंने काफी पेड़ पौधे लगाए हुए थे। अनार ,अमरुद, शहतूत, पपीता व अंगूर आदि के फल वाले पेड़ इनके आँगन को सजाकर रखते थे। केवल इतना ही नहीं बल्कि इन्होनें अपने गमलो में भी काफी पौधे लगाए हुए थे। तुलसी इनका सबसे प्रिय पौधा था। तुलसी के अलावा हरी मिर्च, गेंदे का फूल, मेहंदी का पेड़, करी पत्ता, ऐलोविरा, गिलोए आदि पेड़ पौधे उस समय इनके घर आँगन की शोभा बढ़ाते रहते थे।

मुझे याद है मैं जब भी फूल तोड़ना चाहती थी तो पिता जी मुझे कहते ,"बिटिया फूल को पौधे से अलग मत करो , यह पेड़ पर ही सुंदर लग रहा है।"

रविवार को यूसुफ अली जी की बैंक की छुट्टी होती थी वह पूरा दिन पेड़ पौधो की देखभाल में व्यतीत कर देते थे। जो समय बचता रात में अपनी डायरी या रजिस्टर उठाते थे। हसते मुस्कुराते रहते सोचते रहे और उसपर कुछ लिखते रहते थे।

"पेड़ो से मिलती छाया , मिलता सबको आराम भी।
पेड़ हमारे सच्चे मित्र, मिलती शुद्ध हवा भी।
मत काटो इनको मित्रों, इन्होनें मानव से क्या लिया?
मनुष्य जाति को अपना , सबकुछ दान कर दिया।"

प्रकृति से प्रेम करने वाले मेरे पिता दयालु प्रवृति के इंसान थे। यह लोगो को अपने घर में लगाए पेड़– पौधे दान में भी दे देते थे।

एक बार हमारी कालोनी में किसी को तुलसी के पत्तों की आवश्यकता पड़ी तब मेरे पिताजी ने ही अपने गमले में से तुलसी की काफी पत्तियाँ उनको दी। जब किसी को आवश्यकता होती तो तुलसी का पौधा भी उनके घर जाकर लगा आते थे। पपीते के पेड़ से कच्चे पपीते लोग ले जाया करते थे। इन्होनें या इनके परिवार में कभी किसी ने मना नहीं किया।

कुछ वर्षों बाद इन्होने अपनी बागवानी में तौरई, करेला, भिंडी आदि को भी लगाया। इनकी

बेलें इतनी फैली कि कालोनी में सबको पिताजी ने अपने खेत की सब्जी खिलाई। कभी किसी को फल सब्जी के लिए मना नहीं किया।

सब इन्हें मैनेज़र साहब कहकर बुलाया करते थे। सिर्फ मेरे ताऊजी, बुआ और दादा दादी इनको नाम से बुलाते थे। बाकी सभी मैनेजर साहब ही कहते थे।

पशु व पक्षियों से प्रेम

यूसुफ अली जी जितना प्रेम प्रकृति से करते थे उतना ही पशु पक्षी व जानवरो से भी करते थे। इनके घर से कभी भी कोई जानवर भूखा नहीं जाता था। गाय ,भैंस, कुत्ता, बकरी, चिड़िये, बंदर आदि कोई भी आ जाए इन्होनें कभी भी किसी को सताया नहीं बल्कि उनको दाना- रोटी , पानी आदि खाने के लिए देते थे।

इनके घर में जहाँ यह रहते थे उस कालोनी में बंदर बहुत आते थे। लोगो के कपड़े उतारकर ले जाते थे। किसी की रसोई में घुस जाते थे किसी की पानी की टंकी तोड़ देते थे। फिर भी इन्हें उन पर क्रोध नहीं आता था। इनका मानना था बेज़ुबान जानवर है बोल नहीं सकता। यूसुफ अली जी के आँगन में एक नलकूप लगा हुआ था। यह उससे पानी खींचकर बाल्टी भरते थे और उस बाल्टी को रात को आँगन में रख देते थे। सुबह तड़के परिवार के उठने से पूर्व चिडियो का झुंड आता , बंदर आते और उस पानी को पीते थे। अपने आँगन की क्यारियों में पिता जी चींटियो के लिए शक्कर, आटा, दलिया आदि डालकर रखते थे।

हमें भी यही कहते थे कि जानवर कुछ बोल नहीं सकते इसका अर्थ यह नहीं कि उन्हें दर्द नहीं होता। उनको भी प्यार चाहिए जो हमें उन्हें देना है। अगर कभी किसी व्यक्ति या बच्चे द्वारा किसी पशु को सताते देखते तो तुरंत विरोध करते थे और उसे ऐसा करने से रोक देते थे।

शाहाना का कुत्ता टॉमी

एक दिन अचानक कहीं से यूसुफ अली जी के घर में एक सफेद कुत्ते का बच्चा आ गया। इनके बच्चों ने उसे घर में रख लिया। नाम रखा टॉमी। इन्होने व इनकी पत्नी ने कुछ नहीं कहा और अपने बच्चों की इच्छ होने पर उसे घर मे रख लिया। मुझे हल्का सा याद है कि एक बार टॉमी को चोट लग गई थी और उसके जख्म में कीड़े पैदा हो गये थे ऐसे में मेरे पिता ने टॉमी से घिन नहीं की ना ही दूरी बनाई बल्कि नीम के पत्तों को पीसकर उसके जख्म पर बांधा जिससे वह एक माह बाद ही ठीक हो गया। हमारे घर में टॉमी के लिए एक मोटी रोटी अलग से बनती थी। मममी उसे दूध में भिगोकर रखती थीं फिर आधे घंटे बाद हम उसे टॉमी को खिलाते थे। उसका एक बरतन था जिसकी आवाज़ से टॉमी दौड़कर चला आता था। मेरे पिता जी का हृदय बहुत बड़ा था जिसमें सबके लिए जगह थी।

मेरी बुआ के घर में काफी तोते थे जब मैं और मेरा भाई छोटे थे तब हमारे लिए बुआ तोता लाई थीं। पिंजरे में तोता बंद था। पहले कुछ महीने तो पिता जी ने कुछ नहीं कहा पर जब उनसे बर्दाश्त नहीं हुआ तो एक दिन पिंजरा खोलकर तोते को उड़ा दिया। हम बच्चे बहुत रोए तब पिता जी बोले, "एक बात बताओ अगर कभी तुम दोनो को एक पिंजरे मे बंद करके रख दिया जाए तो कैसा लगेगा?"

उनकी बात का अर्थ समझते ही हमने रोना बंद किया और फिर कभी तोता ना पालने का वादा किया। पिता जी अपनी हर बात तर्क से समझाते थे। उन्होने कभी बहस नहीं की और ना ही ज़बरदस्ती कोई चीज़ किसी पर थोपी। उनके विचार उच्च कोटि के थे तभी वह जीवन को सरलता से जी पाते थे।

शाहाना में किस प्रकार शिक्षा के प्रति लगाव पैदा किया?

यूसुफ अली जी का शिक्षा के प्रति बहुत लगाव था। जिस प्रकार उन्होंने अनेक संघर्षों व उतार चढ़ाव के बाद शिक्षा प्राप्त की उसी से अंदाज़ा लगाया जा सकता है कि वह एक शिक्षा प्रेमी व्यक्ति थे। मैं बचपन में विधालय जाने से बहुत डरती थी। ना जाने विधालय के नाम लेने मात्र ही से मुझे क्या हो जाता था? मेरा रोना चिल्लाना शुरू।

यह समय था सन 1978- 85 के बीच का। ठीक से मुझे समय का ध्यान नहीं आ रहा है क्योंकि मैं काफी छोटी थी केवल इतना जानती हूँ कि मेरे पिताजी मुझे बहुत प्यार करते थे। पता नहीं आखिर क्यों मैं विधालय जाना पसंद ही नहीं करती थी? जबकि मेरा भाई आराम से स्कूल चला जाता था। एक वर्ष गुज़रा, दो गुज़रे मैं स्कूल ही नहीं गई।

मेरे पिता को लगने लगा था कि ऐसे काम नहीं चलेगा अगर शाहाना स्कूल नहीं गई तो अशिक्षित रह जायेगी और फिर उसका जीवन बर्बाद। उन्होंने मुझे बहुत समझाया। मुझे डाँट भी काफी पड़ती थी परंतु कभी मुझे एक थप्पड़ तक नहीं मारा। मेरे मामा श्री ज़हीर अहमद जी ने भी मुझे बहुत कहा कि , "बिटिया स्कूल जाना बहुत ज़रूरी है।" पर मेरी बुद्धि में तो जैसे एक डर बस चुका था कि स्कूल नहीं जाना तो बस नहीं जाना।

जब मैं किसी भी तरह से स्कूल जाने के लिए तैयार नहीं हुई तो मेरे पिता जी को अपना हृदय सख्त करना पड़ा और एक रात उन्होंने मेरा हाथ पकड़कर मुझे घर के बाहर खड़ा कर दिया और कहा कि "जो बच्चा पढ़ेगा नहीं उसके लिए इस घर में कोई जगह नहीं।" कहकर दरवाज़ा अंदर से बंद कर दिया।

मैं बाहर खड़ी होकर काफी रो रही थी और अंदर मेरे पिता रो रहे थे पर क्या करते मजबूर थे जो व्यक्ति स्वयं शिक्षा प्रेमी हो वह भला बच्चों को कैसे अनपढ़ रख सकता है? थोड़ी देर बाद जब मैंने स्कूल जाने के लिए हाँ कहा तो उन्होंने मुझसे वादा लिया कि अब मैं स्कूल से जी नहीं चुराऊँगी, पढ़ूगी और डरूगीं बिल्कुल भी नहीं।

मैंने वादा किया। अंदर आई और उन्होंने मुझे बड़े प्रेम भाव से गोदी में उठा लिया और गले से लगा लिया। उस समय मुझे कुछ समझ नहीं थी पर आज अपने पिता जी के फैसले से मैं बहुत खुश हूँ। मैंने लगातार स्कूल जाना शुरू कर किया। हमारे पड़ोस में ही सैंट माइकल कॉन्वैंट स्कूल था। मैं और मेरा भाई वहीं पढ़ने जाते थे।

इसके बाद बालकुंज मान्टेसरी स्कूल गये। आगे की पढ़ाई भाई की हुई एस डी इंटर कॉलेज व मेरी हुई आर्य गर्ल्स इंटर कॉलेज मुजफ्फरनगर में। इसके बाद आगे की शिक्षा अलीगढ़ मुस्लिम यूनिवर्सिटी से हुई। इस प्रकार मेरी शिक्षा का सफर पिता जी के कारण शुरू हो पाया।

"शिक्षा है अनमोल रत्न,
इसके बिना कुछ भी नहीं।
जिसको मिल गया यह रत्न,
उसके जीवन में कोई कमी नहीं।।

लेखन के प्रति शाहाना का रूझान

यूसुफ अली जी को लिखने व शेरो शायरी करने का बहुत शौक था। वह अपने बैंक के कामो से फ्री होकर कविताएँ, कहानी, लेख व शायरियाँ लिखा करते थे। एक बार उनके कुछ मित्र घर पर आए और चाय के साथ– साथ सब मित्र आपस में शायरी व कविताएँ कहने लगे । उन्होने अपनी कई कविताएँ अपने मित्रों को सुनाई । मेरे कानो मे भी वो कविताएँ सनाई पड़ी । मुझे बहुत अच्छी लगीं ।

अब तक मैं भी स्कूल जाने लगी थी उस समय लिखने व पढ़ने में मेरी रूचि गहन हो चुकी थी। मैं थी तो छोटी पर अक्षरो को मिलाकर पढ़ना मैं सीख चुकी थी। मेरे पिता जी सुबह बैंक जाते और शाम को घर आते थे और कामो से फ्री होकर खाना आदि खाकर कुछ लिखने लगते थे। मैं देखती थी कि वह बैंक के रजिस्टर पर कुछ लिखते थे। फिर उनकी एक डायरी थी जिसको पहले वह ध्यान से पढ़ते थे फिर मुस्कुराकर कुछ लिखने लगते थे। क्योकि मैं चुलबुली थी और उन की लाडली भी तो एक दिन पूछ बैठी कि ,"आप यह क्या लिखते हो?" उन्होने अपना रजिस्टर बंद किया मुझे प्यार से अपनी गोद में बैठाया और कहा कि जिस तरह तुम्हें स्कूल में काम मिलता है," होमवर्क" वही मुझे भी मिलता है । मैं बैंक का होमवर्क कर रहा हूँ।" कहकर खिलखिलाकर हस पड़े। मैं भी हसने लगी। दो दिन के बाद मैनें अपने पिताजी की वो डायरी उठा ली जिस पर वह प्रतिदिन कुछ ना कुछ लिखते थे। जैसे ही मैने डायरी खोली उस पर तो बहुत अच्छी बातें लिखी हुई थी । उस पर विचार, कविताएँ, शायरी, कहानियाँ यहाँ तक की महान व्यक्तियों के बारे मे भी काफी अच्छी बातें लिखी थीं।

अब मैं अक्सर इन्हें देखकर नकल करती और लिखने की कोशिश किया करती थी। मैने अपने विधालय में भाषण प्रतियोगिता आदि में अपने पिता जी की सहायता ली और उन्होनें मुझे एक से बढ़कर एक भाषण व कविताएँ लिखकर दी। स्कूल के प्रत्येक कार्यक्रम में मैनें भाग लिया और पुरस्कार भी जीते। मेरे जीवन में बचपन ही से लेखन के प्रति एक रूचि उत्पन्न हो गई जो मेरे मन को अंदर से आनंदित कर देता थी। स्कूल ब्लैकबोर्ड पर भी मैं इंटरवल में अपने मन से छोटे छोटे वाक्य बनाकर लिखती रहती थी और बच्चों को कहती कि देखो मैने कविता लिखी। मेरे पिता जी प्रत्येक रविवार को मेरे लिखे वाक्यों को सही करके मुझे देते थे और समझाते थे कि धीरे –धीरे कोशिश करोगी तो एक दिन बहुत अच्छ लिख पाओगी मैं अपनी पढ़ाई से जो समय शेष रहता उसी मे यह सब लिखा करती थी।

ड्राइंग व पेंटिंग मे रूचि

मेरे पिता जी ड्राइंग भी बहुत अच्छी बनाना जानते थे। मुझे स्कूल में जब भी ड्राइंग व पेंटिंग का गृहकार्य मिलता मैं अपने पिता जी की ही सहायता से उसे पूरा करती थी। रंग भरना, पैंसिल से डिज़ाइन बनाना और स्लोगन आदि लिखना सब पिता जी करवाते थे।

थोड़ी बड़ी हुई तो अपने आप कुछ लिखना शुरू किया। अब मैं कविता आदि लिखने लगी थी। पिता जी उसे सही कर उसकी समीक्षा करते थे। मुझे सही पंक्ति का ज्ञान अब धीरे- धीरे होना शुरू हो चुका था पर अभी बहुत पीछे थी। कक्षा 10 तक मेरा लेखन में रुझान और अधिक बढ़ चुका था परंतु पढ़ाई करनी थी। आगे बढ़ना था तो इन सबको अधिक समय नहीं दे पाती थी। परंतु गर्मियों की छुट्टियों में मैं कामिक्स, किताबे आदि पढ़ा करती थी। कभी कभी समाचार पत्र या कहानियो की किताब में कुछ लिखकर भेज भी दिया करती थी। उस समय पोस्टकार्ड और साधारण लिफाफे हुआ करते थे। उस पर टिकट लगता था। मैं लिखती तो रहती थी और अपने पिता को सुनाया भी करती थी परंतु यह नहीं पता था कि एक दिन लेखन मेरी ज़िंदगी का एक महत्वपूर्ण हिस्सा बन जायेगा। जो आज है।

" साथ हैं आज पिता ,
कर रहे मार्ग दर्शन मेरा।
उत्साह मन में जगाकर ,
कलम बन खड़े पिता।।
प्रयास रहेगा मेरा,
आगे बढ़ जाऊँ मैं।
करूँ सपने पूर्ण पिता के,
जग में छा जाऊँ मैं।।"

दादाजी का हमारे साथ रहना

तब मैं और मेरा भाई छोटे ही थे। मुझे दादी का तो ठीक तरह से याद नहीं है पर इतना पता है कि जब मैं कुछ समझने लायक हुई तो दादी हमें छोड़कर स्वर्ग जा चुकी थीं। मेरी मम्मी कहती हैं कि दादी मुझे बहुत प्यार करती थीं। उनकी मृत्यु के पश्चात दादाजी हमारे साथ रामपुरम कालोनी में हमारे घर पर हमारे साथ रहने लगे थे। वह सुबह व शाम को बाहर बैंत के मूढ़े पर बैठ जाया करते थे और हम सब बच्चों को खेलते हुए देखते थे। मैं अक्सर देखती थी कि मेरे पिताजी दादाजी को अपने हाथों से नहलाते थे। उनके कपड़ो को धोते थे, उनकी मालिश करते थे पैर दबाते थे अर्थात उनकी खूब सेवा किया करते थे। अब दादाजी काफी बीमार रहने लगे थे। मेरे पिताजी दादाजी से कभी परेशान नहीं हुए बल्कि उनकी यही कोशिश रहती थी कि दादाजी ठीक हो जाएं और खुश रहा करें। सुबह बैंक जाने से पहले दादाजी को नहलाकर साफ कपड़े पहनाना, उनके कपड़े खुद धोना और उन्हें अपने हाथो से खाना खिलाना पिताजी का प्रतिदिन का काम था।

हम दादा जी से बहुत प्यार करते थे। मैं और मेरा भाई उन्हें बाबा जी कहा करते थे। हम उनकी लाठी लेकर दादाजी बनकर खेल खेलते थे। खूब मस्ती भरे दिन थे वो। मेरे पिता जी ने कभी भी अपने पिता की सेवा करने के लिए मेरी मम्मी को नहीं कहा। बीमार हो जाते तो खुद ही डॉक्टर के पास लेकर जाते थे। खाने का पूरा ख़्याल रखना और समय पर दवाईयाँ देना सब मेरे पिता जी ही किया करते थे। दादाजी काफी सालो तक हमारे साथ ही रहे। अब बीमारी अधिक बढ़ चुकी थी तो दादाजी ने अपने गाँव जाने की इच्छा व्यक्त की।

मेरे पिताजी रविवार छुट्टी के दिन उन्हें गाँव छोड़कर आ गए।

"बेटे ने की सेवा पिता की,
ईश्वर का वरदान ऐसा बेटा।
नाम यूसुफ अली ,
लाखो में होगा ,
कोई एकमात्र बेटा।।"
मुझे अपने पिता पर गर्व है और सदा रहेगा।

दादा जी के स्वर्ग वास की घटना

मेरे दादाजी अपने अंतिम दिनो में गाँव फतेहपुर में रह रहे थे। बीमार तो वह रहने की लगे थे आयु भी काफी हो चुकी थी।

एक दिन मेरे पिता जी के पास बैंक में अचानक मेरे दादाजी की मृत्यु का समाचार आया। यह सुनकर मेरे पिता सन्न रह गये पर उन्होनें अपने ऊपर काफी नियंत्रण किया और घर में किसी को कुछ नहीं बताया। कहीं ना कहीं उन्हें पता था कि हम यह सुनकर बहुत दुखी होगें। उन्होंने अपने ग़म को हमसे छुपा लिया। उन्होने केवल इतना ही कहा कि दादाजी सीरियस हैं गाँव चलना पड़ेगा। दादाजी के गाँव जाकर हमें पता चला कि दादाजी अब नहीं रहे तो जहाँ हमें दादाजी की मृत्यु का अफसोस हुआ वहीं इस बात के लिए भी बेहद दुख और हैरानी हुई कि पिता ने इतना बड़ा दर्द अपने दिल में अकेले छुपा लिया वो भी इतने घंटो तक? केवल इसलिए कि परिवार का दुख कुछ समय तक टाला जा सके।

"पिता का दर्द ही,
उसकी शक्ति को बयां करता है...
बेशक आँखो से नहीं बहते आँसू पर,
पिता का दिल भी रोता है।
चिल्ला सकता नहीं तो क्या हुआ?
सीना चीरकर अगर देखो तो
पिता भी अंदर ही अंदर रोता है।।"

यूसुफ अली जी को अपने आपको नियंत्रित करने की ताकत विरासत में मिली थी। हर ग़म चुपचाप सह लेते थे। ऐसी बहुत सी ग़मगीन बातें हैं जो यूसुफ अली जी ने अकेले सही हैं कि परिवार को कोई दुख ना हो।

आपरेशन के समय

उस समय आपरेशन के नाम ही से कंपकंपी छूट जाया करती थी। मेरे पिता जी के गॉलब्लेडर में पथरी हो गई थी। ओफ्फो! इतना ज़बरदस्त दर्द होता था कि हम देखकर रोने लगते थे। पिता जी ने वह भयंकर दर्द सात वर्षों तक बर्दाश्त किया। जब दर्द हद से अधिक बढ़ गया तो उन्हें आपरेशन करवाना पड़ा शायद उस समय मैं और मेरा भाई कोई 14– 15 साल के रहे होगें। उनके तीन– चार ख़ास मित्र थे। जो उनके साथ हमेशा रहते थे। श्री जय भगवान शर्मा जी,

डॉक्टर सुशील जी, श्री ऋषि गुप्ता जी, श्री सुरेश कुमार जी, मलिक जी आदि (अभी इतने ही नाम याद हैं) अस्पताल में उनके साथ जय भगवान शर्मा अंकल जी रहे। परंतु पिता जी ने उन्हें बिल्कुल भी परेशान नहीं किया चुपचाप 15 दिन तक बिस्तर पर लेटे रहे और डॉक्टर से ईलाज करवाते रहे। उस समय सुविधाएं भी इतनी नहीं थीं।

इस बीच उनके सभी मित्र, बैंक के सहपाठी, मेरे मामाजी, मैं और भाई भी अस्पताल गये परंतु उन्होनें एक बार भी हमें अपने दर्द के बारे में नहीं बताया यही कहते रहे कि वह ठीक हैं।

"दर्द बढ़ता है जब हद से ज़्यादा,
आँसू खुद आँखो से झलक जाते हैं।
लाख छुपाओ अपना दर्द,
आँसू दूसरो को भी रुला जाते हैं।।

हिम्मत वाले थे यूसुफ अली जी जो हर मुश्किल को सरलता से झेल जाते थे और मुख से उफ्फ तक नहीं करते थे।

प्रत्येक धर्म का सम्मान करना व विश्वास रखना

यूसुफ अली जी के लिए सभी धर्म एक समान थे। वह अक्सर हमें कहानी के माध्यम से बताया करते थे कि किस प्रकार देश की आज़ादी में सब धर्मों के व्यक्तियों ने मिलकर समान रूप से योगदान दिया? वह कहते थे ,"सबकी मेहनत व साहस के कारण आज हम सब स्वतंत्र सांस ले पा रहे हैं। अगर सब यही सोचते रहते कि हम तो इस धर्म के हैं ही नहीं , और वो अन्य धर्म का है फिर बताओ देश गुलामी की जंज़ीरो से मुक्त कैसे हो सकता था?"

हम बच्चों को हमारे पिताजी ने एक ही शिक्षा दी है" सब धर्म बराबर हैं, कोई छोटा या बड़ा नहीं है। सबको समान रूप से सम्मान देना चाहिए ।" दीपावली व होली आदि त्योहारो पर हमारे पिताजी हमारे साथ त्योहार मनाते थे। मुझे याद है हम छोटे होते थे तो पिता जी हमारे लिए बहुत सारे पटाखे लेकर आते थे। हमारे साथ मिलकर छुड़ाते थे और दीपावली सैलीब्रैट करते थे। होली पर मेरे भाई के मित्र हमारे घर आकर रंग लगाते थे मेरा भाई भी खूब होली खेलता था। मैं भी अपनी सहेलियो के साथ खूब होली के रंगो की बहार लेती थी। मेरे पिताजी के बैंक के सभी मित्र आकर उनके माथे पर तिलक करते थे और उनको लड्डू खिलाते थे। मेरे पिता जी बहुत खुश होकर सबको गले लगाते थे। यही स्थिति हमारे यहाँ ईद के त्योहार पर होती थी। मेरे पिताजी के सभी मित्र ईद पर हमारे घर आते थे। मीठी सिवईयाँ खाते थे और कुछ परिवार ऐसे भी थे जो यूसुफ अली जी की पत्नी की बनाई सिवईयाँ अपने साथ घर ले जाते थे। यूसुफ अली जी सबका स्वागत करते थे और वह ईद पर सभी मित्रों व सहपाठियों को अपने घर दावत पर बुलाना पसंद करते थे। हमारे घर का वातावरण पिता जी ऐसा बनाया हुआ था कि हम हर त्योहार को इंजॉय करते थे।

"अल्लाह ईश्वर सब हैं एक,
जीसस, वाहेगुरु का भी है देश।
आशीर्वाद मिले यदि इन सबका ,
जीवन में खुशियाँ आएँ अनेक।।"

हमारे गाँव मे भी यही परम्परा रही थी कि सब लोग एक साथ मिलकर रहना पसंद करते थे। वही बातें मेरे पिताजी ने सीखी और वही सब हम बच्चों को सिखाया। धन्यवाद पिताजी आपकी सोच महान है।

बेटी का हॉस्टल जाना और पिता का मार्ग दर्शन करना

(मेरा एडमिशन यूनिवर्सिटी में करवाना)

12 वी कक्षा के बाद मेरे पिताजी ने मेरा एडमिशन अलीगढ़ मुस्लिम यूनिवर्सिटी में करा दिया। बहुत से लोगो ने कहा कि लड़की को क्या करोगे बाहर भेजकर? यही कहीं किसी स्कूल में पढ़ा लो। वहाँ जायेगी, अकेली रहेगी तो बिगड़ जायेगी। माहौल खराब है। पर मेरे पिता जी ने किसी की कोई बात नहीं सुनी उन्होंने मेरे सिर पर हाथ रखकर एक ही बात कही कि–" मुझे अपने दिए संस्कार , सीख और बेटी पर पूरा भरोसा है।" और मेरा एडमिशन अलीगढ़ करवाने का विचार मन में बना लिया। मेरे पिता जी स्वयं मेरा एडमिशन कराने अलीगढ़ गये और मुझे हॉस्टल दिलवाया। उन्होंने वहाँ से चलते समय मुझे कुछ डायरियाँ दी और कहा कि," बेटी, जब भी तुम्हें अकेलापन लगे इनमें से कोई एक डायरी खोलकर इस पर अपने मन के विचारों को लिख देना पर, रोना और घबराना बिल्कुल नहीं। "

"मैं तुम पर बहुत विश्वास करता हूँ। इतनी दूर अकेले मेरी बेटी मेरे विश्वास के कारण ही रहेगी। कभी घमंड मत करना, किसी का दिल मत दुखाना, और हाँ एक महत्वपूर्ण बात अपने जीवन को आँसूओं से नहीं दोस्तों / सहेलियो से सजाना।"

"जब अगली बार मैं तुमसे मिलने आऊँ तो बिटिया, तुम्हारी कुछ कविताएँ या विचार डायरी पर लिखे मुझे मिलने चाहिए क्योंकि मैं तुम्हारा स्वभाव जानता हूँ लिखे बिना नहीं रह पाओगी।" एक और बात कही उन्होनें– मैं उन सबकी समीक्षा कर दूँगा और अगर कोई भी गलती हुई, सही करके तुम्हें समझा दूगाँ।

यह कहकर मेरे पिता मुझे अलीगढ़ छोड़कर चले गए वहाँ से शुरू हुआ मेरे जीवन का नया अध्याय जिसमें मेरे पिताजी का भरोसा, स्नेह, प्यार और दुलार छुपा था। उस समय फोन या मोबाइल नहीं थे। अगर हमें अपने घर फोन करना होता तो केवल रविवार ही को कर सकते थे वो भी एसटीडी से…जिसमें पैसे भी काफी खर्च होते थे। पर मुझे पत्र लिखना बहुत अच्छा लगता था। वहाँ से मैं अपने पिता को ख़त लिखा करती थी। अपने जीवन की, हॉस्टल की सारी बातें उन्हें बताती थी। वह मुझे ख़त का जवाब देते थे। मेरे पिता ने मुझे सदा सकारात्मकता से पूर्ण पत्र लिखें। वह पत्रों के माध्यम से मुझे समझाते थे कि …"जीवन में जो भी करो ऐसा करो कि तुम्हारा चित शांत रहे और किसी को कभी तुमसे कोई शिकायत ना हो।" मेरे माता पिता , भाई, मामाजी आदि मुझसे मिलने अलीगढ़ भी आया करते थे।

जब शाहाना के लिए खरीदी मारूति कार

मैं जब अलीगढ़ से घर आती थी तो सहेलियों के साथ बस, रेलगाड़ी या किसी भी सहेली की कार से मुजफ्फरनगर आ जाती थी। परंतु मुजफ्फरनगर से जाते समय मेरे पिता जी मुझे किराए की टैक्सी कर स्वयं छोड़ने जाते थे। वो इसलिए कि सफर में मुझे कोई असुविधा ना हो। एक बार की बात है मैं गर्मियों की छुट्टियों में अपने घर आई हुई थी। जैसे ही मेरी छुट्टियाँ समाप्त हुई तो मेरे पिता जी ने मुझे अलीगढ़ छोड़कर आने का कार्यक्रम बनाया। हमेशा की तरह इस बार भी पिता जी मुझे कार ही से अलीगढ़ ले जाने वाले थे परंतु उस दौरान कुछ ऐसी परिस्थितियाँ बन गई कि टैक्सियों की हड़ताल हो गई। काफी प्रयास किया परंतु कहीं कोई भी टैक्सी नहीं मिली। इस कारण अलीगढ़ पहुंचने में मैं चार पाँच दिन लेट हो गई। तभी मेरे पिता जी ने सोच लिया कि अब अपनी कार लेनी ही पड़ेगी और उन्होनें मारूति कार खरीदी, जिस पर मेरा नाम लिखवाया – SHAHANA"।

उन्हें लगता था कि शाहाना को अपनी कार ही से छोड़ने अलीगढ़ जाया करेगें। मेरे पिता जी को कार चलाना नहीं आता था। मेरा भाई भी अभी छोटा ही था वह भी नहीं चला सकता था। इसलिए किराए पर ड्राइवर लेकर कार से मुझसे अलीगढ़ मिलने आते थे और छोड़ने भी हमारी कार ही से जाते थे। यह महंगा पड़ता था पर बेटी के प्यार के आगे उनके लिए कोई महंगा सस्ता नहीं था। मेरे लिए और मेरी सहेलियों के लिए बहुत सारे पैन, पैंसिल, डायरियाँ और रंग लेकर आया करते थे। पत्र के माध्यम से मैं अपनी कविताएँ, कहानी आदि लिखकर उन्हें भेज दिया करती थी और जब वह मुझसे मिलने आते थे तब वे सभी कविताएँ, कहानियाँ और लेख समीक्षा कर व सही करके मुझे देकर जाया करते थे।

साथ ही समझाते भी थे कि" कुछ भी लिखो ऐसा लिखो जो अर्थपूर्ण हो और सरल से सरल भाषा में हो।" आज मैं अपनी रचनाएँ लेख आदि बेहद सरल भाषा ही में लिखती हूँ।

आप मेरी कोई भी कहानी, कविता, लेख पढ़ लीजिये भाषा बहुत साधारण मिलेगी।

"याद आता है हर वो मज़र जो बिताया पिता के साथ.....
हॉस्टल में मिलने आना और घंटो बातें करना।
उनका मुझे प्यार से गले लगाना और फिर समझाना,
कभी नहीं भूल सकती उनकी मैं कोई भी बात।"

बेटी पर विश्वास

मेरे पिता जी मुझे बहुत प्यार करते थे और जितना प्यार करते थे उतना ही मुझ पर भरोसा भी करते थे। अपने पूरे परिवार में केवल मैं ही एक मात्र ऐसी लड़की हूँ जो अलीगढ़ हॉस्टल मे रहकर पढ़ी है। जब भी मिलने आते तब मेरी सभी सहेलियों से मिलते थे। नजमा, रूखसन, सुबूही, परवीन बानो मुहम्मदाबाद वाली , उज़मा बेग, नाहिद, नायला, सीमा सिंह, नसरीन, परवीन, शबीस्ता, नूरजहां, सलमा, शाहीन, शबनम, बिंदु, आदि मेरी सहेलियाँ थीं सबसे मिलते थे और सबके सिर पर हाथ फेरते थे।

"करते थे प्यार बहुत मुझे और मेरी सहेलियों को।
हर बार सीख नई दे जाते थे,
हिम्मत नहीं हारना कभी बच्चों,
ज़िंदगी में आगे बढ़ते जाना,
हर बार यही बात याद दिलाते थे।।"

हॉस्टल का जीवन मेरा बहुत अच्छा व्यतीत हुआ। वहाँ से मैनें बी.ए ऑनर्स , एम.ए, स्ट्रैटजिक स्टडीज़ का कोर्स किया। एन.एस. एस. किया और फैशन डिजाइनिंग व टाइपिंग का डिप्लोमा कोर्स भी किया। इसके अतिरिक्त स्टेज़ प्रोग्राम, कला व गीत कविताएँ आदि प्रतियोगिताओ में भी बराबर हिस्सा लिया। मुझे आज भी याद है एक बार मैनें स्टेज़ पर एक लड़के का रोल किया था जिसमें एक गीत पर एक्शन करना था। गाने के बोल कुछ इस तरह के थे.....''शाम ढल रही है तुम याद आ रहे हो....."

यह स्टेज़ प्रोग्राम बहुत ही पसंद किया गया था। अलीगढ़ में जाते ही वह मेरा पहला कार्यक्रम था जो मेरे पिता के आशीर्वाद से ही संभव हो पाया था।

मेरे लिए वो वक्त सुनहरी यादो का एक ऐसा अध्याय है जिसे मैं कभी नहीं भूल सकती और ना ही कभी भूलना चाहूगीं।

बेटी को चंडीगढ़ / पंचकूला जाना

अलीगढ़ में कई वर्ष रहने के बाद जब मेरी पढ़ाई पूरी हुई तो मेरे भाई सरदार अली ने मुझे पंचकूला अपने पास बुला लिया। उत्तर प्रदेश से अलग दूसरे प्रदेश में जाना मेरे लिए एक नई चुनौति से कम ना था परंतु वहाँ भी मेरे पिता ने मेरा मार्ग दर्शन कर मेरा हौंसला बढ़ाया और वहाँ से मैंने CEDTI (Centre for Electronic Design and Technology of India) of computer course से किया। वहीं मैंने एक School में teaching भी शुरू कर दी। सुबह स्कूल जाती थी और शाम को computer course के लिए Centre जाया करती थी। मेरे पिता जी के पत्र निरन्तर मेरे पास आते रहते थे। Std से बात हुआ करती थी क्योंकि फोन बहुत कम लोगों के पास हुआ करते थे। इसलिए मैं और पिताजी पत्र लिखा करते थे।

मैं अपनी अलीगढ़ की सभी सहेलियों के साथ पत्र व्यवहार किया करती थी। बहुत रूचि थी मेरी लेखन में इसलिए प्रतिदिन कुछ भी लिखना मेरे मन को बेहद अच्छा लगने वाला होता था। फिर चाहे वह पत्र ही क्यूँ ना हो? । वहाँ से मैंने अपने लेखन- क्षेत्र को और आगे बढ़ाया। मेरे पिता जी के एक सम्पादक मित्र थे श्री रमेश चंद्र "छबीला" जी , जिनके समाचारपत्र में पिता जी अपनी रचनाएँ प्रकाशनार्थ भेजा करते थे। मुझे वह समाचारपत्र बहुत अच्छा लगता था। सामाजिक आक्रोश की दो प्रतियाँ हर माह हमारे घर मुजफ्फरनगर में आया करती थीं क्योंकि वह पाक्षिक समाचारपत्र था। जब मैं पंचकूला आई तो मन में विचार आया कि अब तो मुझे काफी कुछ लिखना आ चुका है तो क्यूँ ना मैं सामाजिक आक्रोश समाचारपत्र के लिए कुछ लिखूँ? पर मैं सामाजिक आक्रोश के सम्पादक महोदय को यह कतई नहीं बताना चाहती थी कि मेरे पिता श्री यूसुफ अली जी हैं और मैं उनकी पुत्री हूँ।

मैं अपनी काबलियत के बल पर अपनी रचना समाचारपत्र में प्रकाशित करवाकर उपहार स्वरूप अपने पिता जी को भेंट करना चाहती थी। मन में एक डर भी था कि अगर रचना अस्वीकृत हो गई तो मैं अपने पिता जी से क्या कहूँगी? खैर मैंने साहस जुटाकर एक रचना सामाजिक आक्रोश पाक्षिक समाचारपत्र हेतु डाकखाने में डाल दी। तकरीबन 20- 25 दिन बाद मेरे पत्र का जवाब आया कि मेरी रचना स्वीकृत की जा चुकी है। उस समय मुझे जो खुशी हुई मैं यहाँ बयान नहीं कर सकती। कम से कम एक घंटे तक मैं खुशी के मारे रोती रही और अपने पिता जी को याद करती रही क्योंकि उस समय मोबाइल फोन नहीं थे। अगर थे भी तो बहुत महंगे हुआ करते थे। मेरी रचना सामाजिक आक्रोश समाचार पर में प्रकाशित हो गई और मेरे पिताजी ने हमारे घर

आये सामाजिक आक्रोश समाचारपत्र में मेरी रचना पढ़ी। उन्होनें ना केवल मुझ पर गर्व किया बल्कि मेरी माता जी से बेसन का हलवा बनवाकर खाया भी और जो व्यक्ति/ मेहमान उस दिन हमारे घर आये, उन सबको भी खिलाया। मेरे पिता जी को बेसन का हलवा, आलू के चिप्स और चाय बहुत पसंद थे। इसके पश्चात मैं अपनी नौकरी करती रही, कम्प्यूटर कोर्स करती रही और शाहाना परवीन "शान" के नाम से लिखती रही।

अब मैनें अमर उजाला समाचार पत्र में भी लिखना आरंभ कर दिया। प्रकाशित भी हुए मेरे काफी आर्टिकल। कई बार मुझे मेरे लेख के लिए पारिश्रमिक भी दिया गया।

इसके बाद मैं गृहशोभा, गृहलक्ष्मी बाल पत्रिकाओ आदि में लिखने लगी। मेरे सभी लेख कविताएँ मेरे पिता जी पढ़ा करते थे और मैं जब भी मुजफ्फरनगर जाती थी तो वह मुझे समझाते कि अगली बार और अधिक बेहतर लिखना।

मेरे पिता जी कहा करते थे कि ,"मैं चाहता हूँ बेटी तुम अपनी कोई किताब लिखो जो तुम्हारा सपना भी है। जो तुम्हारी सब ख्वाहिशों को पूरा कर सके।।"

उनके सामने मैं कोई किताब नहीं लिख पाई इस बात का अफसोस ज़िंदगी भर रहेगा परंतु एक बात कहना चाहूगीं आज मैं जो कुछ भी हूँ सब अपने पिता के मार्गदर्शन के कारण ही हूँ।

"लिखकर अपने ख्वाब

पाया जो मैनें आसमान,,,,

उस आसमान पर अधिकार

मेरे पिता का है।।

दिल से निकलेगें जब भी

मेरे अलफाज़

उन अलफाज़ो पर पहला अधिकार मेरे पिता का है।।"

बेटी की विदाई

पिता और पुत्री का सम्बंध ऐसा होता है जैसे इत्र और खूशबू। अधिकतर परिवारों में जहाँ माता अपनी बेटी को अच्छे संस्कारो से नवाज़ती है वहीं पिता अपने प्रेम व स्नेह की छाया अपनी बेटी पर न्योछावर करते हैं।

पिता बहुत सहनशील व्यक्ति होते हैं। कोई भी समस्या उनकी आँखो में आँसू नहीं ला सकती। परंतु जब बेटी की विदाई होती है तब पिता अपने आँसू नहीं रोक पाते और फूट-फूटकर रोते हैं। आपने भी देखा होगा कि फिल्मों में भी अक्सर हम सब पिता को रोते हुए देखते हैं।

"विदाई हुई बिटिया की,

पापा कैसे खुद को संभालोगे?

अपनी बेटी को सौंप किसी दूसरे के हाथो में,

पापा कैसे खुद को संभालोगे?

अपने आँसू छुपाओगे कब तक?

दिल तो तुम्हारे पास भी है।

कब तक करोगे दिखावा मज़बूत बनने का?

पापा कैसे खुद को संभालोगे?"

वाकई जहाँ एक माँ फूट-फूट कर रोती है। भाई, बहन के लिए रोता है वहीं पिता भी स्वयं को रोक नहीं पाते और जब बर्दाश्त नहीं होता तो खूब रोते हैं। पिता को भी पता है कि दुनिया का दस्तूर है बेटी का विवाह करना, निभाना तो पड़ेगा ही, पर वह फिर भी उसके लिए तड़पते है। अक्सर बेटी के मायके आने की प्रतीक्षा करते हैं। जब वह आती है घंटो उससे बातें करते हैं।

बेटी जब मायके आती है सबसे ज्यादा खुशी पापा ही को होती है। यह बात और है कि पिता ज़ाहिर नहीं होने देतें। मेरे विवाह की बात होने पर मेरे पिता कभी मुझे कुछ नहीं बताते थे ना ही कभी मेरे समक्ष मेरे विवाह का ज़िक्र करते थे। उन्हें मैं अब भी छोटी गुड़िया ही लगती थी। मुझे

याद है जब मेरी विदाई हो रही थी तब वह मेरे नज़दीक आने से कतरा रहे थे। मैनें छुपकर देखा था दीवार की ओट मे मेरे पिता आँखो में आँसुओं के साथ रो रहे थे।

मुझे याद आ गया वो मंज़र जब मेरे दादाजी की मृत्यु के पश्चात मेरे पिता ने किस प्रकार स्वयं पर नियंत्रण किया था परंतु आज जब बेटी घर से विदा हो रही है तो वह स्वयं को रोक नहीं पाए।

"पिता पुत्री का रिश्ता अनोखा,
कभी ना खत्म होगें अहसास।।"

जब मैं पहली बार मायके आई तो मेरे पिता जी ने मुझे अपनी लिखी कविताएँ दीं और कहा कि,"आगे भी इसी प्रकार लिखती रहना शाहाना, कभी इस रुचि को खत्म मत होने देना।"

शादी के बाद मेरा जीवन पूरी तरह से बदल गया और चाहकर भी लेखन को आगे ना बढ़ा पाई। जब भी मुजफ्फरनगर आती अपने पिता के साथ तीन चार घंटे लगातार शेरो शायरी, कविताएँ, आदि सुनती व सुनाया करती।

मेरे पिता जी ने मेरे शौक को कभी मरने नहीं दिया। सदैव लेखन के प्रति सकारात्मकता से पूर्ण विचार मेरे समक्ष रखते रहते थे। उनके सकारात्मक शब्द मन में उत्साह भर देते थे।

कन्या घर की लक्ष्मी होती है: यूसुफ अली जी

यूसुफ अली जी बेटियों को बहुत प्यार और दुलार करते थे। उनके बेटे सरदार अली अपनी फैमिली के साथ नोएडा में रहते हैं। वहीं उनकी नौकरी है। उनके घर में पहली संतान 06 अगस्त 2003 को हुई जो एक प्यारी नन्हीं सी बेटी थी। जिसका नाम "इरम" रखा गया। यूसुफ अली जी ने जब यह खबर सुनी बहुत खुश हुए और अपने ऑफिस के स्टाफ को मिठाई बांटी। बेटी की ससुराल में तुरंत फोन करके बताया कि , "हमारे घर में लक्ष्मी आई है।" सब रिश्तेदारों को फोन किया। फिर कुछ दिनो बाद भाई– भाभी व बेटी "इरम" से मिलने गए। बेटी को शगुन के तौर पर स्वर्ण उपहार में दिया। उनका मानना था बेटियों को जो कुछ मिलता है उनके भाग्य से ही मिलता है। इरम को बाहों में लेकर ढेरो आशीर्वाद दिया।

यूसुफ अली जी की सुपुत्री शाहाना के पास भी दो बेटियाँ हैं तमन्ना और अलीशा। यूसुफ अली जी ने उन्हें भी उपहार स्वरूप स्वर्ण आभूषण शगुन के तौर पर दिए। पोती व नातिन उनके लिए बराबर थीं। यूसुफ अली जी ने आजतक किसी भी बच्चे मे कोई भेदभाव नहीं किया। कभी यह नहीं सोचा कि पुत्र क्यूँ नहीं है? अपनी पुत्री की बेटियों के जन्म पर भी उन्होनें अपनी गली व ऑफिस में सबको मिठाईयाँ खिलाई।

जब भी बच्चे उनके पास मिलने जाते थे , वह बच्चों की तरह उनके साथ खेला करते थे। उनके लिए खिलौने पहले से सजाकर रखते थे।

यूसुफ अली जी का स्वयं छोटे बच्चों के कपड़े धोना

मुझे याद है, एक बार मैं और मेरी भाभी (नोएडा) एक साथ मुजफ्फरनगर मिलने आए थे। तब हमारी बेटियाँ बहुत छोटी थीं। मेरे पिता जी सुबह उठते ही मेरी भतीजी और मेरी बेटी दोनो के गंदे कपड़े धोकर सूखने के लिए डाल देते थे। हम मना भी करते थे पर वह यह कहकर हस पड़ते थे कि ,"मुझे इस सुख से वंचित मत करो। बेटियों की सेवा का अवसर सौभाग्य से मिलता है।"

मेरे पिता जी मन के साफ थे जो मन में होता सामने कह दिया करते थे। अगर हम बच्चों को डाँटते थे तो कहते थे ," डाँटो नहीं बल्कि प्यार से समझाओ।"

जहाँ तक मुझे याद है मेरे पिताजी ने कभी बच्चों से ऊँची आवाज़ में भी बात नहीं की।

"यादें दिल में आज भी बेचैनी बनकर तड़पाती हैं।
काश होते पिता हर बात पुरानी याद आती है।।"

सेवा भाव

"मन में गुण सेवा करने का
वो भला कैसे भूला जाए?
यह भावना आती स्वत : हृदय में,
कैसे इसे नकारा जाए?"

यूसुफ अली जी रिक्शा से अपने बैंक आया जाया करते थे। उन्होंने कभी किसी रिक्शेवाले से बहस नहीं की और ना ही उसे कभी पैसे के लिए मना किया या तंग किया। जितने पैसे रिक्शेवाले ने बोल दिए वही उसे दिए और उसकी रिक्शा में बैठकर बैंक, बाज़ार, दुकान आदि गये।

एक बार गरमी अधिक थी यूसुफ अली जी घर का कुछ सामान लेने बाज़ार गये हुए थे। जैसे ही बाज़ार से वापिस आए तो पता चला कि कुछ महत्वपूर्ण सामान दुकान पर ही रह गया है जिसे लाना होगा। उन्होनें सबसे पहले जिस रिक्शा से आए थे उस रिक्शेवाले को अंदर बुलाया, बैठाया। उसे पानी पिलाया, पानी के साथ साथ मीठा शरबत भी पिलाया। रिक्शा वाला बहुत खुश हुआ। अब वह बोले कि " कुछ सामान छूट गया है जिसे लेकर आना है। क्या तुम तैयार हो?" रिक्शावाला तुरंत तैयार हो गया । इस प्रकार उन्होनें रिक्शेवाले को ना केवल शरबत पिलाया अपितु उसकी मेहनत के अतिरिक्त पैसे भी उसे दिए।

वह ऐसा हमेशा ही किया करते थे कि किसी भी रिक्शेवाले को बिना पानी पिलाए वापिस नहीं भेजते थे। एक बार तो ऐसा हुआ कि घर में चिनाई/कंस्ट्रक्शन का काम चल रहा था। एक मज़दूर दोपहर का खाना नहीं लाया। यूसुफ अली जी ने अपनी पत्नी से कहकर उसके लिए पराठें बनवाए क्योंकि घर में अभी सब्जी तैयार नहीं थी तो उसे अचार के साथ पराठें खाने को दिए। दिल से दिलदार थे यूसुफ अली जी।

कभी रद्दी वाले से बहस नहीं की, कभी किसी मौहल्ले वाले से लड़ाई- झगड़ा नहीं हुआ उनका। सबके साथ मित्रतापूर्ण व्यवहार किया करते थे।

मकान मालिक व किराएदार

मेरे पिता जी का व्यवहार बहुत अच्छा था। वह सबको उचित सम्मान देते थे। यही कारण था कि सब उनसे बात करना और मित्रता रखना पसंद करते थे। वह स्पष्ट वादी इंसान थे। असत्य से उन्हें बेहद घृणा थी। उनका कहना था "एक झूठ छुपाने के लिए कई झूठ बोलने पड़ते हैं । इससे अच्छा है कि सत्य बोलकर काम को खत्म करो। जिन्हें मिलना होगा मिलेंगे, जिन्हें दूर होना होगा, चले जायेंगें। कम से कम झूठा रिश्ता बनाने से तो बच जाओगे।"

अगर किसी ने कोई अच्छा काम किया है तो वह उनके काम की प्रशंसा किए बिना नहीं रहते थे। पर हाँ, अगर उन्हें कोई बात अनुचित लगती थी तो तुरंत बोल देते थे। मुजफ्फरनगर (उत्तर प्रदेश) में हमारा घर ऊपर नीचे दो भागो में बना हुआ है। ऊपर किराएदार रहते हैं और नीचे हम लोग रहते हैं। जहाँ तक मुझे याद है जब मैं छोटी थी तब हमारे ऊपर वाले घर में केवल दो ही कमरे थे और उसी में किराएदार के रूप में कोई अंकल रहने आए थे। ठीक से मुझे याद नहीं है। उसके बाद मेरे पिताजी ने ऊपर वाले भाग में और अधिक कमरे बनवा दिए और अब घर पहले से अधिक बड़ा हो चुका था। मुझे याद है जब हमारे ऊपर वाले घर के लिए एक इंजीनियर साहब आए थे जो मुजफ्फरनगर की एक प्राइवेट फैक्ट्री में काम करते थे, उनको सब लोग 'सबरवाल साहब' कहकर पुकारते थे। उनकी पत्नी और दो बेटियाँ साथ आई थीं, जो काफी छोटी थीं। उनको हमारे साथ रहना इतना पसंद आया कि वे लोग 15–16 वर्ष तक हमारे साथ इसी घर में रहे। उनके यहाँ एक पुत्र का भी जन्म हुआ था जो इसी घर की पैदाइश था।

सबरवाल अंकल मेरे पिता जी को "युसूफ भाई" कहकर बुलाया करते थे। हर बात मेरे पिताजी से डिस्कस करना, अपनी सारी बातें शेयर करना अंकल को एक नई खुशी दे जाता था। मेरे पिता ने आजतक कभी किसी किराएदार को पराया नहीं समझा। सबकी मदद की। हमारे घर से जाने के बाद इस फैमिली ने अपना खुद का मकान बना लिया था। अंकल, आंटी कहते थे कि , "आपके साथ रहकर हम अब किसी दूसरे मकान मालिक के साथ शायद एडजस्ट नहीं कर पायेंगें।" ये लोग अपने खुद के मकान में शिफ्ट हो गये थे। इसके बाद मैं अलीगढ़ चली गई थी तो किराएदारों के बारे में अधिक कुछ नहीं कह पाऊगीं, पर हाँ एक बात कहूगीं कि जब मैं छुट्टियों में घर आया करती थी तब देखती थी कि किराएदार और मेरे पिताजी आपस में काफी समझदारी व अपनत्व के साथ रहते थे। धीरे धीरे कई किराएदार आए और चले गये। हर धर्म और मज़हब के किराएदार हमारे साथ रहें । बहुत प्रेम , स्नेह हम सब के बीच रहा ।

एक परिवार से मिला भरपूर प्रेम, स्नेह और अपनापन

एक परिवार ऐसा आया जिसने मेरे पिताजी के हृदय की तारों को छू लिया। मैं अलीगढ़ से छुट्टियों में आई हुई थी। तभी मैनें देखा कि हमारे घर के दरवाज़े पर एक सफेद रंग की कार आकर रूकी और उसमें से एक महिला और एक पुरुष निकले। देखने में बेहद सौम्य, मुख मंडल पर तेज़ चमक रहा था। जब वह हमारे घर में आए, मम्मी से मिले तो उन्होनें अपना परिचय दिया वे दोनो Civil services qualified सरकारी कर्मचारी थे।

यह सुनकर मैं और मम्मी ने आपस मे एक दूसरे की तरफ देखा और सोचा कि शायद ये हमसे बात नहीं करेगें क्योंकि इनका पद बहुत बड़ा है। परंतु हुआ उल्टा आधे घंटे की मुलाकात मे ही इन दोनो अधिकारियों ने हमारा दिल जीत लिया और हमें विश्वास भी नहीं हो रहा था कि हम सरकारी पद पर आसीन दो महान शक्सियत से रुबरु हो रहे हैं। उन दोनो की आदत बहुत अच्छी थी। इतने बड़े पद पर होने के बावजूद उन दोनो में रत्ती भर भी घमंड नहीं था। पहली मुलाकात में ही हमें उनसे काफी अपनापन मिला। वे बेशक हमारे किराएदार बनकर आए थे परंतु हमारे परिवार का हिस्सा बन गये।

आयु में कम होने के कारण मेरे माता पिता को अंकल आंटी कहा करते थे, जिसे सुनकर मेरे माता पिता बहुत खुश होते थे। मैं और मेरे भाई के लिए भी वे दोनों दीदी और भैया थे। मैं जब कभी परेशान हुआ करती तो मेरे पिताजी मुझे उन महान महिला का उदाहरण देकर समझाते थे कि," बेटी उन्हें देखो। कभी सोच कर देखना कि जिस पद पर आज वह हैं उसके लिए उन्हें कितनी मेहनत करनी पड़ी होगी? उन्होंने अपने जीवन में कितनी कठिन परिस्थितियों का सामना किया होगा? तब जाकर इस सम्मानित पद की वह अधिकारिणी बन पाई हैं।" उनका नाम था "सुनीता वर्मा मैडम"उनके हसबैंड "श्री दिनेश कुमार वर्मा जी" , बेहद हसमुख प्रवृति के व्यक्ति थे। हर बात का सकारात्मक उत्तर उनके पास होता था। मेरे पिताजी अपनी सभी समस्याएं और अपने मन के विचार उन दोनों को बताते थे और वह उचित समाधान भी किया करते थे।

अपने होश में मैनें ऐसे महान व्यक्तित्व वाले इंसान पहले कभी नहीं देखे थे। दीदी भैया हमारे साथ एक परिवार में बंध चुके थे। मेरे पिता जी की आदतो के कारण वे दोनों मेरे पिता को अपने पिता जैसा सम्मान दिया करते थे।

उन दोनो के साथ बैठकर मैच देखने व चाय पीने में जो आनंद मिलता था वास्तव में वो हर किसी के भाग्य में नहीं होता।

सुनीता दीदी और दिनेश भैया
जैसे अब नहीं मिलेंगें दौबारा।
उनके जैसें ना होगें कोई ,
नहीं आयेगें कोई अन्य दौबारा

प्यार, प्रेम में सबसे आगे,
सम्मान में भी पीछे नहीं हटते थे।
करते थे बातें मन मोहक,
दिल को सभी के छू लेते थे।
उनके जैसा दूजा, ना होगा कोई।
नहीं आयेगें अब कोई अन्य दौबारा।।

पिता जी के पास बैठकर,
गपशप करना और मैच देखना,
चाय पीना और बातें करना,
वो सुनहरा लम्हा फिर ना होगा कोई।।
नहीं आयेगें कोई अन्य दौबारा।।

उन दोनों को देखकर
पिता जी के होठों पर
मुस्कान खिल जाती थी,
दो पल पास बैठकर
टैंशन दूर हो जाती थी।
वो लम्हें अब नही आयेगे कभी,
नहीं आयेगें कोई अन्य दौबारा।।

कुछ महीनो पश्चात उनके साथ उनकी माता जी भी रहने आई थीं। उनसे मिलकर ऐसा लगा मानो हम लोग कई सालो से एक दूसरे को जानते- पहचानते हैं। उनकी स्नेह भरी बातें सुनकर

मेरा मन उनके साथ ही लगता था। दीदी और भाईसाहब दोनो अपनी ड्यूटी पर चले जाते थे तब मैं "अम्मा जी" के पास जाकर खूब बातें किया करती थी। क्योंकि मैं उस समय अलीगढ़ की छुट्टियों में आई होती थी तो पढ़ने का अधिक काम नहीं होता था। अम्मा जी मुझे खाने की तरह तरह की चीज़े बनाना सिखाती थीं और साथ ही खिलाती भी थी। सुनीता दीदी के साथ मैं काफी बार मार्केट भी गई हूँ और उन्होंने मुझे काफी बार शापिंग भी कराई है।

कोई भी त्योहार हो सबसे पहले हम सबका मुँह मीठा कराना उनके व्यवहार में शामिल था। इसी घर में उनके घर एक प्यारी सी बिटिया रानी का जन्म हुआ जिसको प्यार से "मोनी" कहते थे। अब आयूषी है।

यहीं पर बेटे "आयूष" का जन्म हुआ। दोनो बच्चों का मेरे माता पिता को भरपूर प्यार व सम्मान मिला। दोनो मेरे माता पिता को बाबा जी और दादी कहते थे। ज़िंदगी में सच इतनी खुशियाँ मेरे माता पिता को सुनीता दीदी और दिनेश भाईसाहब से मिली की मैं यहाँ पूरी एक किताब भी लिख दूँ तो भी खत्म नहीं हो पायेगीं।

यह दोनों स्थानांतरण के कारण यहाँ से दूसरी जगह चले गये थे परंतु फिर भी इनके साथ हमारे सम्बंध ऐसे ही थे और रहेगें जैसे पहले थे। मेरे विवाह व मेरे भाई के विवाह मे ये सभी आये थे। यहाँ तक की अम्मा जी भी आई थीं।

मेरे पिता जी के हृदय को सबसे अधिक प्रभावित करने वाले महान व्यक्तित्व के स्वामी श्रीमती सुनीता वर्मा जी व श्री दिनेश कुमार वर्मा जी का हृदयतल से आभार व धन्यवाद ज्ञापित करती हूँ मैं शाहाना परवीन पुत्री श्री यूसुफ अली जी।।

लोग याद किए जाते हैं अपने व्यवहार और बातों से,
हृदय में जगह बनाते हैं अपने विचारों से,
डायरी के पन्नों में जो लिखे जातें हैं लम्हें,
वो अक्सर महसूस होते हैं डायरी के खुलते ही...

हौम्योपैथिक डॉक्टर

वह एक होम्योपैथिक डॉक्टर भी थे। यूसुफ अली जी को होम्योपैथिक ईलाज बहुत पसंद था। उन्होनें बैंक की नौकरी करने के साथ साथ हौम्योपैथिक का भी कोर्स किया और डॉक्टर बन गये। पर उन्होने यह कोर्स धन अर्जित करने के लिए नहीं किया बल्कि मुफ्त में ईलाज व दवा देने के लिए किया।

वह समाज की सेवा करना चाहते थे इसलिए ज़रूरत मंद लोगो को फ्री मे दवा देते थे। परिवार के किसी भी सदस्य से भी वह कोई फीस नहीं लेते थे। उनके मित्र कभी कभी उन पर हसते और कहते कि क्या फायदा ऐसे डॉक्टर का जो फ्री में ईलाज करता है?

तब यूसुफ अली जी हसकर कहते, इस काम को करने से उन्हें मन की शांति मिलती है जो किसी धन दौलत से कम नहीं है।

समाज के लिए काम किया

यूसुफ अली जी ना केवल अपने बारे में सोचते थे बल्कि सभी के बारे में उनकी सोच एक जैसी थी। गली मौहल्ले में किसी का कोई काम नहीं हो रहा होता था तो वह यूसुफ अली के पास आ जाते थे। यूसुफ अली जी स्वयं साथ जाकर उनका काम करवाते थे। मुझे याद है काफी लोगो के उन्होने राशनकार्ड बनवाकर दिए। कई ऐसे भी थे जिन्हें पढ़ना लिखना बिल्कुल भी नहीं आता था उनके बच्चों के दाखिले स्कूल में करवाये।

गैस सिलेंडर के कनैक्शन दिलवाए। बैंक मेंबहुत लोगो के खाते खुलवाए। जिस को जब भी पैसे निकालने की आवश्यकता होती उनके पास चले जाते और अपना धन सुरक्षित निकलवा लेते।

सफाई पसंद इंसान

यूसुफ अली जी को सफाई बहुत पसंद थी। वह आँगन मे जरा भी कूड़ा कचरा पसंद नहीं करते थे। उन्होने कभी किसी से नहीं कहा कि आँगन या कमरा साफ करो बल्कि खुद झाड़ू लेकर कमरे और आँगन को अंदर से बाहर तक साफ कर देते थे।

वह अपने कपड़े भी स्वयं धोना पसंद करते थे। उनको साफ सुथरे कपड़े पहनने की आदत थी। अगर हल्का सा भी पैन या अन्य कोई निशान शर्ट पर लग गया तुरंत उसे निरस्त कर देते थे।

बेशक वह साधारण वस्त्र पहनता पसंद करते थे परंतु साफ सुथरे वस्त्र...।।

सादा जीवन उच्च विचार

यूसुफ अली जी सादा जीवन उच्च विचार वाले व्यक्ति थे। वह कहा करते थे किसी भी इंसान को उसके कपड़ो से नहीं पहचाना जा सकता। अगर कोई व्यक्ति साधारण वस्त्र पहनता है तो यह ज़रूरी नहीं कि उसकी सोच भी साधारण होगी। वह अक्सर गाँधी जी का उदाहरण हम सबको दिया करते थे। देखने में साधारण लगते थे पर उनके कार्यो से आज पूरे विश्व में वह जाने जाते हैं। वह कहा करते थे।

इंसान को अपना मन सदा साफ रखना चाहिए क्योंकि जब मन साफ होगा तो मुख मंडल पर चमक स्वतः ही आ जायेगी और चित भी चिंता मुक्त होगा।

पहनावा

यूसुफ अली जी अधिकतर काले रंग की पैंट और सफेद रंग की शर्ट पहनकर बैंक जाया करते थे। उनके पास सफेद शर्ट और काली पैंट अधिक थीं। प्रतिदिन वही पैंट शर्ट बदलकर पहना करते थे। कभी कभी उनके परिवार के सदस्य हसकर बोल देते थे कि ," कोई क्या समझेगा कि मैनेजर साहब के पास केवल दो ही पैंट शर्ट है?"

यह सुनकर यूसुफ अली जी खूब ज़ोर से हसते थे और कहते थे…" जिसे जो समझना है समझे, पर मुझे तो सच्चाई का पता है।।"

जब यूसुफ अली जी अपने घर में होते थे तो खद्दर व सूती कपड़े के कुर्ते पहनते थे। वह विशेष रुप से खादी भंडार की दुकान से खरीदकर लाते थे। उनको खादी से बनी जैकेट पसंद थी। उनको पैरो में जूतिया पहनना पसंद था।

बहुत ही साधारण व्यक्तित्व के धनी थे यूसुफ अली जी।

भाषा शैली

यूसुफ अली जी के स्वर में भारीपन था। उनकी आवाज़ गूंजती थी। ऐसा लगता था मानो कोई समाचार वाचक बोल रहा हो। अगर गुस्सा आ जाता था तो फिर खैर नहीं थी किसी की। पर गुस्सा कम ही आता था। परंतु फिर भी उनकी भाषा शैली ऐसी थी कि हर कोई आसानी से समझ लेता था। बड़ो के साथ बड़ो जैसी भाषा और बच्चों के साथ बच्चे बन जाते थे। उनको शायरी करने का व कविताएँ पढ़ने व कहने का बहुत शौक था जब कभी रविवार या छुट्टी के दिन वह फ्री होते थे तो उनके मित्र अक्सर उनके पास आ जाते थे। वे सभी फरमाइश करते थे तब यूसुफ अली जी सबको अपनी रचनाएँ व शायरियाँ सुनाते थे।

क्रोधित हो जाना

यूसुफ अली जी को झूठे और फरेबी लोगों से बहुत नफरत थी। चाहे परिवार का कोई व्यक्ति हो या फिर बाहर वाला अगर किसी बात पर उन्हें गुस्सा आ गया तो सुबह से रात हो जाती थी पर वह भाषण देने से पीछे नहीं हटते थे।

तर्कों के साथ अपनी बात रखते थे और सही गलत का फैसला करने के बाद ही शांत होते थे। उन्हें कभी प्रसिद्धि का लालच नहीं रहा। कभी किसी धनवान व्यक्ति के साथ मित्रता की लालसा नहीं रही। वह अपने जीवन में अपने परिवार के साथ बहुत खुश थे।

उनका कहना था ,” अपने परिवार से बड़ा धन कोई और नहीं हो सकता जहाँ प्यार, स्नेह हो वही शांति है और वो ही जीवन की सबसे बड़ी पूँजी है।”

यह वक्त भी नहीं रहेगा

"वो वक्त भी नहीं रहा यह वक्त भी नहीं रहेगा" ऐसा यूसुफ अली जी का मानना था।

"यह वक्त भी नहीं रहेगा " वही वाक्य है जिसे यूसुफ अली जी ने अपनी युवावस्था से लेकर वृद्धावस्था तक अपने साथ रखा। इस कथन को उन्होनें लकड़ी , लोहे की पत्ती आदि पर लिखवाकर अपने मित्रों को उपहार स्वरूप दिया। साथ ही अपने बैंक व अपने कमरे में सदैव इसे लगाकर रखा। यहाँ तक कि जब मैं अलीगढ़ गई तब मुझे भी लकड़ी पर लिखवाकर यह वाक्य दिया और कहा कि "यह वक्त भी नहीं रहेगा ।" इसका बहुत गहरा अर्थ है कि अगर जीवन में दुख है तो सुख भी अवश्य आयेगा इसलिए कभी मत घबराना ।

हमेशा सकारात्मकता से भरपूर सोच रखने वाले व्यक्ति थे मेरे पिताजी।

कभी किसी से कुछ नहीं मांगा

यूसुफ अली जी ने कभी किसी के सामने हाथ नहीं फैलाया। चाहे कभी कितनी भी ज़रुरत पड़ जाए परंतु उन्होंने कभी किसी से एक रुपये की भी मदद नहीं मांगी। मुझे हमेशा यही कहते थे कि अपना हाथ कभी किसी के सामने हथेली की तरफ से आगे मत करना यानि की किसी से लेने के लिए हाथ आगे मत बढ़ाना बल्कि उल्टा हाथ रखना यानि किसी को देने के लिए तुम्हारा हाथ आगे आए। उनके घर से कभी कोई भिखारी खाली हाथ नहीं लौटा। उनके होते हुए घर परिवार में कभी किसी को किसी अन्य से पैसा उधार लेने की ज़रुरत नहीं पड़ी।

"दानवीर थे पिताजी
नहीं देखा कभी ऐसा व्यक्तित्व मैनें।
दुख मे रहते साथ सदा,
नहीं देखा मददगार कोई ऐसा मैनें।"

विवाह समारोह में कम जाना

यूसुफ अली जी का खान पान बहुत साधारण सा था। इसका कारण था उनका गिरता स्वास्थ्य। अधिकतर वह उबली सब्जियाँ, रोटी , दलिया, खिचड़ी आदि खाना पसंद करते थे। इसलिए वह विवाह समारोह में कम जाते थे। परंतु शगुन हमेशा देकर आते थे। उनका मानना था कि अगर वह शादी समारोह मे शामिल नहीं होगे तो क्या हुआ शगुन देकर बेटी या बहू को आशीर्वाद तो दे ही सकते हैं। यहाँ तक की सब को उनकी आदत का पता था तो कोई बुरा भी नहीं मानता था।

खान पान

बहुत साधारण भोजन करने वाले व्यक्ति थे। वह अपनी खाने की प्लेट में से कुछ खाना पंक्षियों व जानवरो के लिए ज़रूर निकालते थे।

उन्हें खाने में हरी सब्जियाँ जैसे तौरई, लौकी, करेला, मेथी, पालक, बीन्स, भिंडी आदि पसंद थे। दलिया उनको बहुत प्रिय था। वह प्रत्येक रविवार अपने लिए बिना चीनी वाला दलिया बनवाते थे और वही खाते थे। वह अपने स्वादानुसार उसमें मन करता तो दूध व चीनी डाल लेते थे अन्यथा ऐसे ही हल्का नमक डालकर खाते थे। कभी कभी वह हरी मूंग छिलके वाली दाल की खिचड़ी भी बनवाते थे। उसमें प्याज़ और देसी घी का छैंक ज़रूर लगवाते थे। वह भी पूरे दिन में दो तीन बार खा लेते थे। दाल- चावल, कढ़ी-चावल, मसूर की दाल- चावल भी उन्हें पसंद थे। मीठे में वह सफेद दूध वाली खीर (बहुत कम मीठा) , मीठे पीले चावल (ज़रदा), शाही टुकड़ा और शीर पसंद करते थे। परंतु सबसे अधिक उनको जो पसंद था वह था "बेसन का हलवा"।

जब सिखाया बेसन का हलवा बनाना

मुझे भी बेसन का हलवा खाने में बहुत अच्छा लगता था परंतु जब भी बनाने की कोशिश करती उसमें गुठलियां पड़ जाती थीं। तब मेरे पिता जी मेरे साथ किचन में खड़े होकर मुझे बेसन के भुनने तक से लेकर बेसन में पानी डालने तक पूरा हलवा बनाना सिखाया। जिससे मुझे बेसन का हलवा बनाना आ गया था और मैं हॉस्टल में भी बनाने लगी थी।

चाय के शौकीन

यूसुफ अली जी को चाय बहुत पसंद थी। अपनी युवावस्था में वह अपने बैंक में कई कप चाय पी जाया करते थे। उस समय उनकी चाय दूध वाली हुआ करती थी। परंतु जैसे जैसे आयु बढ़ी उनका स्वाद भी बदल गया। अब बीमारी के कारण डॉक्टर ने उन्हें बिना दूध वाली चाय पीने की सलाह दी। यूसुफ अली जी सुबह को अपने लिए दो ब्रेड के पीस बिना घी के तवे पर सेंकते थे और काली चाय बनाकर उसके साथ मज़े लेकर पीते थे।

स्पैशल चाय

यूसुफ अली जी की चाय कोई साधारण चाय नहीं थी वह उसमें पत्ती के अलावा तुलसी, काली मिर्च, अदरक का पत्ता , गिलोय का पत्ता, पान का पत्ता यह सब थोड़ी थोड़ी मात्रा में डालकर चाय बनाया करते थे। उनकी चाय वाकई पीने में काफी स्वादिष्ट लगती थी।

सुबह की दिनचर्या

सुबह जल्दी उठना यूसुफ अली जी को बहुत प्रिय था। सबसे पहले सूरज की किरणो के घर मे प्रवेश करने से पूर्व वह बिस्तर से उठ जाया करते थे। प्रतिदिन के कार्यो से निपटकर खाली पेट करी पत्ता, ऐलोविरा, नीम के पत्ते, तुलसी के पत्ते आदि खाया करते थे। वह प्रतिदिन व्यायाम करते थे। इससे उनका शरीर काफी मज़बूत व स्वस्थ रहता था। उनमें आलस्य नाममात्र भी नहीं था। उनका कहना था यह हमारा शरीर हमारी पूंजी है। हम इसका जितना उपयोग करेगें यह हमारा उतना ही साथ देगा।

अपनी क्यारियों में काम करना। फावड़ा व खुरपी का इस्तेमाल करना, उनके लिए बहुत आम बात थी। मुझे भी कहते थे कि हमेशा सुबह जल्दी उठो और अपने कामों को जल्दी पूरा करो। मन लगाकर पढ़ो क्योंकि सुबह की पढ़ी शिक्षा बच्चों को काफी समय तक याद रहती हैं।

कोल्डड्रिंक व ठंडे पानी से परहेज़

जहाँ तक मुझे याद है मेरे पिता जी ने कभी ठंडा पानी नहीं पिया। अपनी युवावस्था मे अगर पिया हो तो कह नहीं सकती पर मेरे सामने कभी ठंडा पानी कोल्डड्रिंक, मैग़ो शैक या लस्सी आदि कोई भी ठंडी चीज नहीं पी। यहाँ तक की आइसक्रीम भी नहीं खाते थे।

ऑपरेशन के दौरान बेटी का सहारा बने

मेरे गॉलब्लेडर में अचानक पथरी हो जाने के कारण भयंकर दर्द होता था। एक दो बार तो दर्द बर्दाश्त हो गया पर एक बार मैं मुजफ्फरनगर गई हुई थी वहाँ दोपहर के भोजन के समय अचानक मुझे पेट में दर्द होना शुरु हुआ। यह देख मेरे पिताजी बहुत परेशान हुए। वह इस दर्द से भली-भाँति परिचित थे। उनका भी गॉलब्लेडर का ऑपरेशन हो चुका था। वह तुरंत समझ गये कि यह स्टोन वाला दर्द है। उन्होनें डॉक्टर को फोन कर, घर बुलाया। डॉक्टर ने शायद इंजैक्शन वगैरहा लगाया होगा ठीक तरह से ध्यान में नहीं आ रहा पर उसके कुछ देर बाद मुझे चैन मिला। इसके बाद मेरे पिताजी ने साफ कह दिया कि मेरी बेटी अब दर्द बरदाश्त नहीं करेगी इसका ऑपरेशन करवाना होगा।

वह मुझे ऑपरेशन के लिए डॉक्टर के पास ले गये और दस पंद्रह दिनो में मेरा ऑपरेशन करा दिया। वह दिन भर मेरे साथ मेरे कमरे मे रहते थे और मुझे सकारात्मक भरी बातें सुनाया करते थे। उन्होंने मेरी पीड़ा को कम करने के लिए मुझे कई कविताएँ भी सुनाई। उनकी सकारात्मकता से भरी रचनाओं को सुनकर मैं जल्दी स्वस्थ होकर घर आ गई।

"आपकी बात ही अलग थी, जो ना होगी किसी में।।

आई मिस यू फादर"

खेल के शौकीन

यूसुफ अली जी को क्रिकेट मैच बहुत पसंद था। कई बार तो पूरी पूरी रात वह मैच देखने में ही निकाल देते थे। उन्हें फुटबॉल, टैनिस और हॉकी भी बहुत पसंद थे। परंतु सबसे अधिक रुचि क्रिकेट में थी।

वह हाथो से ताली बजा बजाकर खेल का आनंद लिया करते थे। वह हर रन पर खूब तेज हसते थे और ज़ोर से ताली बजाते थे। उनको देखकर उनके उत्साह का पता चलता था।

छींकना

यूसुफ अली जी जब भी छींकते थे उनका मुँह सूरज की रौशनी की तरफ होता था और वह तेज़ आवाज़ में छींका करते थे। वह हमें भी कहते थे कि छींक अगर आती है तो इसे रोकना नहीं चाहिए बल्कि तेज़ी के साथ छींक देना चाहिए। पर वह हमें यह भी समझाते थे कि अगर रुमाल पास है तो बहुत अच्छी बात है हल्का सा नाक के पास रखकर छींको इससे सामने वाले को कोई आपत्ति नहीं होगी। वह अपनी बात कहते जाते थे और हसते जाते थे।

हसमुख स्वभाव के धनी

यूसुफ अली जी बहुत हसते थे। उनका स्वभाव ऐसा था कि हर कोई उनके साथ बैठकर हस पड़ता था। ज़ोर से खिलखिलाकर हसना उन्हें बहुत पसंद था।

मैं जब भी मुस्कुराती थी तो वह मुझे कहते थे," बिटिया हसी को रोको मत। नहीं भी आ रही तो भी हसो। अपने लिए हसो और अपने लिए खुश रहो।" मेरी दोनो बेटियाँ तमन्ना और अलीशा अपने नानाजी के साथ खूब खेलती थीं। प्रतिदिन नानाजी उन दोनो के लिए टॉफी और फल लाते थे। दोनो को बहुत प्यार करते थे। मुझे याद है जब मेरे पिताजी बैंक से आते ही दोनो बेटियों की नज़र उतारा करते थे। यही नहीं घर के अन्य बच्चो के साथ भी ऐसा ही करते थे।

अपने भतीजो के बच्चों को भी बहुत प्यार करते थे। उन्हें आगे भविष्य के बारे में बहुत समझाते थे। उनको सबकी खबर रहती थी। बहुत जागरुक इंसान थे मेरे पिता जी।

रिटायरमेंट के बाद पुन: नौकरी मिलना

यूसुफ अली जी अपने काम के प्रति पूर्ण रूप से निष्ठावान थे। दिल लगाकर उन्होने बैंक की नौकरी की और उस समय 58 साल में रिटायरमेंट हो जाता था, उनका भी हो गया परंतु उनके काम के प्रति लगन को देखते हुए बैंक के बड़े अधिकारी ने उनको अन्य बैंक में काम करने की सलाह दी। जिसे उन्होनें स्वीकार कर लिया। यह बैंक था "गंगा मर्केंटाइल अर्बन को-ऑपरेटिव बैंक"। इस बैंक में रहकर यूसुफ अली जी ने अपनी मेहनत व कौशल से इसकी कई शाखाएँ खुलवाई। जिससे लोगो को रोज़गार भी मिला और लोगों को अपने पैसे जमा करने में अधिक दूर भी नहीं जाना पड़ता था।

सबको फोन करना व कुशल मंगल पूछना

यूसुफ अली जी की आदत थी कि वह कभी यह नहीं सोचते थे कि कोई उन्हें फोन करे तभी वह उसका उत्तर देगें। वह हमेशा सबको बारी बारी से फोन करके हाल चाल पूछते रहते थे। मुझ से तो प्रतिदिन उनकी बात होती थी। सुबह को पिताजी का फोन आता था और सारी बातें वह मुझे बताते थे। मुझे कविताएँ भी सुना दिया करते थे।

लेकिन जब से वह बीमार हुए थे तब से मैं ही उन्हें फोन करने लगी थी। उनकी आवाज़ सुनकर दिल को ठंडक पहुंच जाती थी। फिर धीरे धीरे उन्होंने फोन को हाथ में पकड़ना भी बंद कर दिया था बीमारी के कारण तब मैं अपनी माता जी से उनकी सेहत के बारे में जानने की कोशिश किया करती थी। प्रतिदिन मेरा फोन अपने पिता जी के लिए अवश्य रामपुरम जाता था। जो मेरे लिए बहुत महत्व रखता था।

अचानक बीमार हो जाना

सेहत कभी ऊपर कभी नीचे सभी की होती रहती है। यूसुफ अली जी के साथ भी कुछ ऐसा ही हुआ। 2016 के अंतिम महीनो में वह थोड़ा सा बीमार रहने लगे थे। कभी ब्लडप्रेशर बढ़ जाता तो कभी नाक बंद हो जाती थी। डाक्टरी दवाई लेना वह शुरू ही से अवाइड करते थे। होम्योपैथिक या फिर आयुर्वेदिक दवा लेते थे। धीरे धीरे शरीर कमज़ोर होना शुरू हो चुका था। परिस्थिति कभी एक जैसी नहीं रहती अब उनसे बैंक का काम भी नहीं हो पा रहा था तो उन्होने स्वयं बैंक से इस्तीफा दे दिया। फिर भी उन्होने हिम्मत दिखाते हुए रिटायरमेंट के 12- 13 वर्ष तक बैंक में अपनी सेवा दी।

उनकी बीमारी को सुनकर उनके एक खास मित्र आए डॉक्टर "बाला नंद सुशील" जो बुढाना मे रहते थे। उन्होने यूसुफ अली जी को चैक किया और दवाई शुरू कर दी। बाला नंद सुशील जी उन्हें दवाई देने स्पैशल मुजफ्फरनगर आया करते थे। जब भी दोनो साथ मिले समझो बातो और शायरी का सिलसिला निकल पड़ता था। यूसुफ अली जी नाराज़ होते थे कि क्यूँ उनके पास आकर परेशान होते हो? वह ठीक हो जायेगें। अब यूसुफ अली जी का स्वास्थ्य दिन प्रतिदिन गिरता ही जा रहा था। उनके बेटे ने उनसे कहा कि वह उन्हें ईलाज के लिए दिल्ली ले जाना चाहता है। पर वह अपना घर छोड़कर नहीं जाना चाहते थे। यूसुफ अली जी का मानना था कि चाहे मृत्यु.हो जाए पर वह कहीं और जाने की बजाय अपने घर में मरना अधिक पसंद करेगें।

2017 की बात है मैं उनसे मिलने सितम्बर में मुजफ्फरनगर गई थी। उसी समय मेरा भाई और उसका परिवार भी आया हुआ था। यूसुफ अली जी के घनिष्ठ मित्र श्री जय भगवान शर्मा जी के पुत्र भी आए थे उनसे मिलने। यूसुफ अली जी ने उस दौरान टी वी पर आए सारे मैच देखे। उन्हें मैच बहुत पसंद था। उन्होने मेरे लिए कविताएँ लिखकर रखी थीं वह मुझे दीं। कहने का तात्पर्य यह है कि कहीं से नहीं लग रहा था कि उनमें हिम्मत नहीं थी। डॉक्टर ने बताया उनके फेफड़ों में पानी आ चुका है। पानी कई बार निकाला गया। सरदार अली (बेटे) ने बहुत कोशिश की कि वह दिल्ली चलें ईलाज के लिए, पर वह यही कहते रहे, "मैं यहीं ठीक हो जाऊगाँ।"

मैं अक्टूबर की 04 /10/2017 को वापिस लौट आई। मुझे भी पिताजी ने टैक्सी करके दी और बाहर गेट तक छोड़ने आए और हसकर विदा किया। उन्होंने मुझे विश्वास दिलाया कि वह जल्दी ही स्वस्थ हो जायेगें। हम सबको उम्मीद थी कि दवाई खा रहे हैं देर सवेर ठीक हो जायेंगे। पर कभी कभी कुछ चीज़े इंसान के हाथ में नहीं होती।

शरीर कमज़ोर हो जाना

2017 में अब तक उनका शरीर काफी कमज़ोर हो चुका था। काफी बार उनके ब्लड और फुल बॉडी आदि के अनेक टैस्ट हुए पर कुछ विशेष बीमारी सामने नहीं आई। फेफड़ो से पानी बार बार निकाला जाता था। जिससे उन्हें थोड़ा आराम मिलता था। अब वह बिस्तर पर ही लेटे रहते थे। केवल दैनिक दिनचर्या के लिए उठते थे।

किसी से मदद ना लेना

यूसुफ अली जी शुरु ही से अपने सभी काम स्वयं करते थे। उनकी कोशिश यही रहती थी कि किसी से कोई सहायता ना ली जाए।

जब वह बीमार हुए तो बाथरुम आदि के लिए उनसे पूछा जाता था पर उन्होंने कभी किसी से नहीं कहा कि उनको कोई साथ में जाने वाला चाहिए। अंतिम महीनो में वह इतने कमज़ोर हो गये थे कि दीवार पकड़ कर वॉशरूम तक जाते थे पर कभी एक बार भी अपनी पत्नी या किसी नर्स आदि से मदद नहीं मांगी। यहाँ तक की गाँव से उनके भतीजो के दो लड़के विशेष रूप से उनके लिए ही आए हुए थे पर यूसुफ अली जी उनसे बातें करते, उन्हें भविष्य के बारे में समझाते पर उनसे मदद नहीं लेते थे।

दुखद क्षण

वो अंतिम महीना था अक्टूबर 2017 का, जिसे लिखते समय मेरे हाथो में कंपन हो रहा है और मैं समझ नहीं पा रही हूँ कि कैसे लिंखू?

अब यूसुफ अली जी को दवाईयो से आराम मिलना लगभग बंद सा हो चुका था। उनके बेटे ने उनसे कई बार नोएडा/ दिल्ली चलने को कहा। पर वह उसके लिए तैयार नहीं थे। अब उनका आखिरी एक्सरे कराया गया तो उसमें बीमारी की लास्ट स्टैज थी "फेफड़ो का कैंसर"। ओफ्फो , बेहद दुखद क्षण था वो हमारे लिए, जब हमे सत्य का पता चला वो भी इतने महीनों बाद।

डॉक्टर ने साफ कह दिया कि अब इनका बचना मुश्किल है । हो सके तो एक बार दिल्ली दिखा सकते हो। इस बार उनके बेटे ने बहुत विनती की, बार बार कहा और अपने साथ चलने के लिए हाँ करवा ली। दिल्ली में उनके लिए अस्पताल में बैड अरैंज कर दिया गया।

अक्टूबर की 23 /10/2017 को यूसुफ अली जी ने अपनी पत्नी से कहकर अपना ज़रूरी सामान एक बैग में रखवाया क्योंकि अगले दिन 14/10/2017 को उन्हें उनका बेटा सरदार अली अपने साथ ले जाने आ रहा था। 23 तारीख किसी तरह से निकल गई।

24/102017 को उन्हें खाने को दवाई दी गई जो प्रतिदिन वह ले रहे थे, परंतु उस दिन दवाई उनके अंदर नहीं गई और उन्हें उलटी हो गई। उस समय समय रहा होगा लगभग 8 :00 बजे का।

यूसुफ अली जी उठकर वॉशरूम गये और आकर अपने बिस्तर पर लेट गये। शायद यही वह घड़ी थी जब उन्हें हम सबसे विदा होना था। लगभग 9 :00 और 10 :00 बजे के करीब यूसुफ अली जी को एक हिचकी आई और वह सदा के लिए इस संसार को अलविदा कह गये। जाना था ईलाज के लिए पर चले गये परमात्मा के पास।।

जब मैने प्रतिदिन की तरह मुजफ्फरनगर फोन करके पूछ तो पता चला कि मेरे मार्गदर्शक, मेरा उत्साह , मेरी हिम्मत मुझे छोड़कर इस संसार से जा चुके हैं। उस वक्त जो दिल में पीड़ा हुई शायद मैं यहाँ लिख नहीं पाऊगीं।।

केवल इतना ही कहूगीं....

2017 साल

क्यों आया तू पास?

ना आती तारीख 24 अक्टूबर की

ना छूटता मेरे पिता का साथ।।
2017 साल
क्यों आया तू पास?

मेरे हर आँसू में आप ही हो पिता....
मेरी हर खुशी और ग़म में शामिल आप ही हो पिता

नहीं लिख सकती आगे कुछ हिम्मत नहीं मुझमे इतनी...
हर जन्म बेटी बनूँ आपकी
आप ही बनो मेरे पिता।।

अच्छे पिता

यूसुफ अली जी मेरे ऐसे पिता हैं जिनकी बेटी बनकर हर बार मुझे जन्म लेना मंजूर है। अन्यथा यह संसार उनके बिना मेरे लिए कोई अर्थ नहीं रखता। उनका प्यार, दुलार मेरे प्रति बहुत अधिक था। आजतक मुझे कहीं और से इतना स्नेह व प्रेम नहीं मिला जितना मेरे पिता मुझे किया करते थे। जो चमक अपने प्रति मैनें उनकी आँखो में महसूस की थी वो आज तक कहीं दिखाई नहीं दी, यहाँ तक की अपनी माता जी की आँखो में भी नहीं।

उनके चले जाने के बाद लगता है जैसे मेरी ज़िंदगी भी मुझसे रुठ सी गई हो। अचानक उनका यूँ चले जाना मेरे जीवन की वो गहरी खाई है जो कभी भर नहीं सकती। पर हाँ उनके दिखाए मार्ग से लेखन के क्षेत्र में लेखनी के माध्यम से उस खाई को मैं काफी हद तक कम करने का प्रयास अवश्य कर सकती हूँ। आज मैं एक लेखिका बनी हूँ सिर्फ अपने पिता जी के आशीर्वाद के कारण क्योंकि अगर वह मुझे सही दिशा नहीं दिखाते तो शायद मैं अपने मन के विचारो को कभी बाहर ही नहीं ला पाती।

"यूँ इस तरह रूठकर चले गये अचानक ,
ना जाने कौन सा सितारा बन चमकते हो आसमान में?

कभी करो बात नील गगन से मुझसे,
शाहाना करती याद , कलम भी करती है इशारे।।

आप जहाँ भी हो प्रिय डैडी जी, आपको यह दिल हमेशा याद करता रहेगा। आप खुश रहो और अपना पूरा ख्याल रखना। मेरी लेखनी में बन शब्द चमकते रहना सदा।।

Views of other people for my Father.... Mr. Yusuf Ali Ji

यूसुफ अली जी के परम मित्र डॉक्टर

बाला नंद सुशील जी के शब्द अपने घनिष्ठ मित्र के लिए......

यूसुफ अली के बेहद ख़ास मित्रों में से एक हैं बाला नंद सुशील जी, जो बुढाना में रहते हैं और यूसुफ अली जी के साथ जीवन भर सम्पर्क में रहे। वह अपने मित्र के विषय में कह रहे हैं कि ''हम दोनों ने एक-दूसरे से कभी कुछ भी बताने में संकोच नही किया। मेरी हर बात मेरे मित्र मैनेजर साहब को पता होती थी और उनकी सभी बातें मुझे पता होती थी। यहाँ तक की यूसुफ अली की शादी तक में मैं उनके साथ था। मैं हर लम्हा कदम से कदम मिलकर उनके साथ चला हूँ। यूसुफ अली जी ने कभी किसी अनजान को भी गलत रास्ता नहीं दिखाया। सबकी सहायता करना उनके व्यक्तित्व में शामिल था। उनमें कर्तव्य परायणता कूट कूटकर भरी थी। मेरे भ्राता युसुफ अली जी , ''देवत्व कार्य'' करते थे । हम आज भी प्रतिदिन आत्मिक रुप से उन्हें याद करते हैं और करते रहेंगे।''

कुछ पंक्तियाँ मेरे दोस्त के लिए.....

यार था वो मेरा

मेरे जिगर का टुकड़ा था।

पास बैठकर सारी समस्याओं का

चुटकी में समाधान कर देता था।।

ईश्वर बड़ा निष्ठुर ,

नहीं समझा पीड़ा हृदय की ।

ले गया मेरा दोस्त छीनकर मुझसे

जो मुझे जान से भी प्यारा था।।

मेरे भाई यूसुफ अली आपको कभी नहीं भूल पाऊगाँ ।

श्री जय भगवान शर्मा जी (घनिष्ठ मित्र) के सुपुत्र श्री शैलेंद्र शर्मा

यह वह महान शख्सियत हैं जिनका नाम लिए बिना यूसुफ अली जी के नाम को पूरा नहीं किया जा सकता। दोनो परम घनिष्ठ मित्र, बात एक, सोच एक। दोनो एक ही बैंक में नौकरी करते थे। वहीं पर ये दोनो एक दूसरे से मिले और इनके व्यवहार ने इन दोनो को एक दूसरे का मित्र बना दिया। यूसुफ अली जी के विवाह तक में श्री शर्मा जी शामिल हुए। मुझे याद है जब मैं और मेरा भाई छोटे थे तब हमारे पिता जी , शर्मा अंकल जी और डॉक्टर बाला नंद सुशील अंकल जी तीनों की खूब बातें हुआ करती थीं।

जय भगवान अंकल जी जब हसते थे तो पूरा माहौल खुशियों भरा हो जाता था। तीनों एक दूसरे से अपनी बातें साझा करते थे और अगर कोई परेशानी होती तो मिलकर उपाय निकालते थे। लंबे समय तक शायरी चलती थी, कविताएँ व गीत गुनगुनाए जाते थे। वाह बेहद मनमोहक दृश्य होता था वो। हम भाई बहन की शादी व सगाई में भी यह शामिल थे। सच कहूँ तो पिता जी के साथ खड़े होकर सब कार्य विधिपूर्वक करवाया था। श्री जय भगवान अंकल जी मेरे पिता जी को "गुरू"कहकर बुलाते थे। गुरू अपने आप में इतना सम्मान सूचक शब्द है कि इससे आगे अब मैं और क्या कहूँ?

श्री जय भगवान अंकल जी के दो बेटे शैलेंद्र शर्मा और संदीप शर्मा का यूसुफ अली जी के विषय में कहना है कि... "जब भी कभी कोई काम पिता जी से करवाना हो तो एक मात्र रास्ता यूसुफ अंकल ही थे। हर काम को, हर बात को इतना सहज रूप से कहना एवम् करना ये सिर्फ यूसुफ अंकल के द्वारा ही संभव था। मेरे पिता जी के हमराज एवम् सबसे अजीज़ दोस्त थे यूसुफ अंकल।"

ऋषि कुमार गुप्ता जी रामपुरम कॉलोनी

यूसुफ अली जी के मित्रों में शामिल ऋषि कुमार गुप्ता जी का साथ भी यादगार लम्हों में गिना जाता रहेगा। रामपुरम कॉलोनी में अपने परिवार के साथ रहने वाले गुप्ता जी का प्रेम, स्नेह व लगाव युसूफ अली जी के साथ व परिवार वालो से सदैव रहा।

प्रत्येक सुख दुख में दोनो परिवारो ने मिलकर एक दूसरे की हिम्मत बढ़ाई और सहारा बने।

"मित्रों का ऋण चुकाया जा नहीं सकता....
यह प्यार है वो जिसे भुलाया जा नहीं सकता।।
अपनापन इतना कि रहेगा याद सदा,
बीत गया जो वक्त भुलाया जा नहीं सकता।।

श्री दिनेश कुमार वर्मा और श्रीमती सुनीता वर्मा जी

यह वो दो चेहरे हैं जिन्होंने यूसुफ अली जी को अपार खुशियाँ और अपनापन दिया। उनको भरपूर प्यार और सम्मान दिया।

"अचानक आकर ज़िंदगी में
वो शामिल हो गए,
बन गये धड़कन दिल की
हर खुशी वो दे गए।
क्या नाम दें हम इस
नये रिश्ते को?
रिश्ता प्रेम और विश्वास का
ज़िंदगी का हिस्सा बन गए।।"

यूसुफ अली जी इन दोनो को अपने बच्चों की तरह मानते थे। जब से ये दोनो यूसुफ अली जी के सम्पर्क में आये तभी से बहुत सम्मान व आदर इन दोनो की ओर से यूसुफ अली जी को व

इनके परिवार को मिला। हर बात में साथ खड़े रहना, उचित व उपयुक्त सलाह देना और हर समय मदद के लिए तैयार रहना सुनीता वर्मा जी व दिनेश वर्मा जी की खासियत थी। इन दोनो के शब्द यूसुफ अली जी के लिए....

बयां करना मुश्किल
आपका प्यार और स्नेह अंकल,
दिल को आज भी छू जाता है।
चलती है जब हवा अंकल,
आपका अहसास हवा बन
हमारे करीब आता है।
बेशक आप नहीं आज सामने हमारे,
पर दिल की धड़कनो में वो प्यारा सा प्यार,
आज भी धड़कता नज़र आता है।।

श्री ज़हीर अहमद जी

पहले मैं इनके बारे में कुछ कहना चाहूगीं। श्री ज़हीर अहमद जी रिश्ते में हम भाई बहन के मामा जी लगते हैं पर किसी दोस्त से कम नहीं। हमारे साथ हमेशा हर दुख - सुख में साथ खड़े रहे। जब मैं प्रतियोगी परीक्षाएँ देने कहीं जाती थी तो मामाजी हमेशा मेरे साथ जाया करते थे। यहाँ तक की कई बार मुझे छोड़ने अलीगढ़ भी गये हैं। एक बार मेरे साथ मेरी परीक्षा के लिए लखनऊ भी गये थे। मेरे भाई के साथ भी बड़े भाई की तरह बनकर परीक्षा दिलाने के लिए कई बार साथ में गये । साफ मन के व्यक्ति हैं और छल कपट से सदैव दूर रहते हैं। जब इनकी बड़ी बहन से यूसुफ अली जी का विवाह हुआ था तब यह छोटे थे। इन्होनें अपने जीजाजी को सदैव अपने आदर्श के रुप में माना और सम्मान दिया।

ज़हीर अहमद जी के शब्द अपने जीजाजी के लिए....

"भाईसाहब आपका होना हमारे लिए ऐसा था मानो कोई फिक्र ही नहीं थी। अगर हम कभी किसी परेशानी में होते थे तो आप संभाल लेते थे परंतु आज आपके जाने से हम सब अंदर से टूट चुके हैं । आज डर लगता है कि कल हमें कौन संभालेगा? कौन हमारी हिम्मत को टूटने से बचायेगा? आप हमें साहस देते रहते थे। काश! भाई साहब आप एक बार साहिल को सफल होते देख लेते तो हम सबको राहत व चैन मिलता। पर, फिर भी भाई साहब आप आज भी हमारे साथ हैं, हमारे पास हैं। जब तक हम ज़िंदा हैं आप हमारे साथ जिंदा रहेगें ।।

जब जब निकलेगा दिन,
याद आपकी आयेगी।
दिल में मेरे और भी गहरी होती जायेगी।।

रौशनी बन आप
शामिल हो इस दिल में।
तन्हाई फिर भी हमें,
आपकी याद दिलायेगी।।

अंधेरा गहरा होता जा रहा,
काली घटा भी छा रही ।
इस बीच कोई किरण आपके रूप में हमें नज़र आयेगी ।।

वहीं किरण होगी अहसास आपका
जो दिल की धड़कनो को
मज़बूत अंत तक कर जायेगी ।।

शाहिद अली के शब्द अपने चाचा जी के लिए...

शाहिद अली यूसुफ अली जी के बड़े भाई साहब श्री मजीद अली के छोटे सुपुत्र हैं। वह अपने चाचाजी से काफी प्रभावित हैं। उनके कुछ शब्द अपने चाचाजी के लिए....

मेरे चाचा जी मेरे आइडियल हीरो थे, आइडियल हीरो है और हमेशा आइडियल हीरो ही रहेगें | आपकी डाँट और प्यार से समझाना बहुत याद करता हूँ। आप सामने बैठे होते थे और मैं साइड में नीचे मुँह करके, सहमा सा बैठा हूआ होता था तो आप मुझे अपने सामने बैठाकर नज़रे ऊपर करवाकर बातें किया करते थे। जिससे मेरा आत्मविश्वास बढ़ सके। मेरी नौकरी की चाचाजी आपको बहुत चिंता थी। हर बार जब भी मैं आपसे मिलता था आप नौकरी के बारे में पूछते थे। आपके जाने के बाद, आपके आशीर्वाद से मेरी अच्छी जगह नौकरी लग गई है पर अब आप नहीं हैं। बहुत याद आती है चाचाजी आपकी.....

"यादें भर भर कर आती हैं सामने,
तस्वीर जब मैं आपकी देखता हूँ।
खुल जाती हैं खिड़कियाँ
दिल की,
जब तस्वीर मैं आपकी देखता हूँ।।
मन की पीड़ा कही नहीं जाती,
जब तस्वीर मैं आपकी देखता हूँ।।"

शाहिद अली ने अपने चाचाजी (यूसुफ अली) के साथ अपने वो पल बिताए हैं ,जब उनके

पिता जी उन्हें छोड़कर दुनिया से चले गये थे। अपनी बातें साझा करना और चाचाजी से सलाह लेना शाहिद को बहुत पसंद था। अपने चाचाजी के जीवन के अंतिम क्षणों में शाहिद ने उनका बहुत साथ दिया। उनका पूरा ध्यान रखा। यहाँ तक की शाहिद के भतीजो ने भी अपने दादाजी की बहुत सेवा की है।

"नहीं चाहते थे हम कि चले जाएं हमें छोड़कर...
पर क्या करें जो आया है उसे जाना ही होगा एक दिन...।।

वो वक्त भी नहीं रहा
यह वक्त भी नहीं रहेगा।।

Miss you my dear Uncle ji
Miss you our dadaji ....

साहिल के शब्दों में

साहिल यूसुफ अली जी के साले साहब श्री ज़हीर अहमद जी के सुपुत्र हैं। बचपन से बड़े होने तक वह यूसुफ अली जी के सम्पर्क में ही रहे। शाम की चाय यूसुफ अली जी साहिल ही के साथ पीते थे । साहिल का घर रामपुरम के घर से थोड़ा दूरी पर है। साहिल प्रतिदिन रामपुरम आते थे और अगर कभी किसी कारणवश नहीं आ पाए तो यूसुफ अली जी फोन करके साहिल को बुलाते थे कहते थे....."साहिल बेटा मैं चाय पर इंतज़ार कर रहा हूँ।" इतना सुनते ही साहिल कहीं भी होते दौड़े चले आते थे।

साहिल को यूसुफ अली जी बहुत प्यार करते थे। इतनी बाते करते थे दोनो बैठकर कि सब कहते थे पता नहीं कहाँ से इतनी बातें करने के लिए इनके पास होती हैं? साहिल को यूसुफ अली जी दुनिया के बारे में और शिक्षा के बारे में काफी नई बातें सिखाया करते थे उन्हें लगता था कि उनका साहिल भोला है और संसार बहुत चालाक। साहिल यूसुफ अली जी को उनके बच्चों के समान "डैडी जी" कहकर बुलाते थे जो सबको बहुत अच्छा लगता था। कहने को हमारा ममेरा भाई है साहिल पर हमने उसे हमेशा सगा भाई ही समझा है । बेटी की शादी के बाद और भाई सरदार अली के नोएडा चले जाने के बाद साहिल ही ने यूसुफ अली जी को संभाला था।

साहिल के शब्द अपने प्रिय डैडी जी (यूसुफ अली जी) के लिए.....

"आपकी हर बात याद करता हूँ,
आपकी डाँट को आज भी मैं जीता हूँ।
कहाँ चले गये छोड़कर अपने साहिल को,
शाम की चाय पर आपको ढूंढता हूँ।।"

"आज भी रामपुरम जाता हूँ तो सामने रखी आपकी कुर्सी ऐसी लगती है मानो डैडी आप मेरे सामने बैठे हों । अभी आप मुझे शिक्षा देकर दुनियावी बातें समझायेगें । पर नही आप नहीं बोलते कुछ और मैं अकेले चाय पीकर आपको याद कर वहाँ से उठकर चला जाता हूँ।।"

सरदार अली के शब्द अपने पिताजी के लिए

"The Pleasure of the Lord is the Pleasure of the father.. And the displeasure of the Lord is in the displeasure of the father..!!"

मेरे पिता मेरे आदर्श थे। मेरे गुरु थे। हर बात पर मुझे समझाना, ऊँच नीच का ज्ञान करना उनके व्यवहार में शामिल था। बहुत हिम्मत वाले इंसान थे मेरे पिता। जीवन के अंतिम दिनों में भी उन्होंने हार नहीं मानी थी। बहुत बीमार थे पर होठों पर कभी यह शब्द नहीं आए कि वह बहुत परेशान हैं या उन्हें कोई तकलीफ हो रही है। मैं उनका बेटा हूँ यह मेरा सौभाग्य है।।

मैं उनके बारे में जितना भी कहूँ कम है...

लफ्ज़ो से बयां नहीं होगी

उनका फिक्र करना हमारे लिए....

उनकी बातें

उनके जाने के बाद

आज भी गूंजती हैं कानो में मेरे।।

I Love You Daddy jee

फिल्म, संगीत व साहित्य से जुड़ी बातें

1. यूसुफ अली जी को हिंदी फिल्मों में ऐतिहासिक, देशभक्ति व कमेडियन फिल्में पसंद थी। ऐतिहासिक व देशभक्ति फिल्में जैसे अनारकली , सोने की चिड़िया, झांसी की रानी, रज़िया सुल्तान, मुगल-ए-आज़म, मनोज कुमार की सभी देशभक्ति फिल्में आदि वह कई बार देख चुके थे।

3. कमेडियन फिल्में, जिसमें जॉनी वाकर, जॉनी लीवर , केस्टो मुखर्जी, भगवान , असरानी, ओमप्रकाश, उत्पल दत्त, जगदीप, आदि कमेडियन कलाकार होते थे वे बहुत खुश होकर देखा करते थे। वह अक्सर कहते थे, "ज़िंदगी चार दिन की है हसकर गुज़ारो या रोकर तुम्हारे हाथ में है।"

4. वैसे तो वह फिल्मों में अभिनय करने वाले सभी महिला व पुरुष कलाकारो की प्रशंसा करते थे पर चरित्र अभिनेत्रियों में शशीकला, ललिता पवार के अभिनय को वह बार बार देखना पसंद करते थे। शशीकला के डॉयलॉग बोलने का स्टाइल उन्हें काफी पसंद था।

5. उन्हें संगीत का बहुत शौक था। अपने ज़माने के सुरैया, बेगम अख्तर, गुलाम अली , जगजीत सिंह, पंकज उधास , तलत महमूद आदि की गज़ले उन्हें बेहद पसंद थीं। संगीत पुराना जिसमें ढोलक की थाप हो उनके हृदय को छू जाता था।

पसंदीदा गीत व गज़ले : हगांमा है क्यूँ बरपा?, चुपके चुपके रात- दिन , होश वालो को खबर क्या, अभी तो मैं जवान हूँ, शोला जो भड़के दिल मेरा तरसे, ऐ भाई ज़रा देख के चलो आदि अनेक गीत ऐसे हैं जो उनके प्रिय थे। एक गाना जो उनके दिल के बहुत करीब था जिसे उन्होनें अपनी बीमारी के समय में भी सुना था वो था....

"ला गा चुनरी में दाग , मैं छुपाऊँ कैसे ?" (पुराना गीत था)

6. कलाकार राजकपूर की अर्थ पूर्ण फिल्में उन्हें अच्छी लगती थीं। नरगिस के साथ राजकपूर की जोड़ी वाली फिल्में वह देखते थे। मदर इंडिया उन्होनें काफी बार देखी थी।

7. कवि सम्मेलनों में उन्हें बहुत आनंद आता था। होली पर जो कवि सम्मेलन टैलीविजन पर दिखाया जाता था यूसुफ अली जी तालियाँ बजा बजाकर उसका भरपूर लुफ्त उठाते थे। शेरो शायरी से सजे कार्यक्रम,महफिलें उन्हें हमेशा ही आकर्षित किया करते थे।

8. समाचारो में फालतू न्यूज़ वह नहीं सुनते थे। काम की बातें जो ज्ञान बढ़ाए और काम आए वही सुना करते थे।

9. डिस्कवरी इंडिया व जानवरो तथा साइंस वाले सभी कार्यक्रम देखते थे।

10. यूसुफ अली जी ए.पी.जे.अब्दुल कलाम आज़ाद , अटल बिहारी वाजपेयी को अपना आदर्श मानते थे। उनसे सम्बंधित सभी किताबे वह पढ़ा करते थे।

ईश्वर एक है यही समझाया

यूसुफ अली जी ने कभी केवल एक ही धर्म को महत्व नहीं दिया। उनकी दृष्टि में सब धर्म समान थे। यही कारण था कि उन्होनें हर धर्म की पवित्र पुस्तक को पढ़ा था।

पवित्र गीता, पवित्र कुरान, बाइबिल, गुरू ग्रंथ साहिब सब पवित्र किताबें उन्होनें पढ़ी थीं। जो वह संभालकर रखते थे और बारी बारी से सबको बार बार पढ़ते थे।

यूसुफ अली जी का कहना था…"ईश्वर को किसी ने नहीं देखा, कोई नहीं जानता कि अल्लाह, ईश्वर देखने में कैसे दिखते हैं? इसलिए हर वो पुस्तक पढ़ो जो तुम्हें ईश्वर का सही ज्ञान कराए। ईश्वर को जानने का प्रयास करो।"

ईश्वर को अगर अपने निकट महसूस करना चाहते हो तो ये कुछ कार्य करो। इससे भगवान भी मिलेगें और मन की शांति भी प्राप्त होगी।

1. किसी वृद्ध पुरुष या महिला या असहाय व्यक्ति की सेवा करो।

2. भूखे या लाचार व्यक्ति को भोजन खिलाओ।

3. किसी ज़रूरत वाले व्यक्ति को वस्त्र दान दो।

4. किसी निर्धन बालक / बालिका का दाखिला स्कूल में करवाओ।

5. कॉफी, पैंसिल, बस्ते का दान दो।

6. किसी अविवाहित कन्या का विवाह करवाओ

7. ईश्वर को चेहरे पर मुस्कान अच्छी लगती है इसलिए सभी को हर हाल में हसते रहना चाहिए और इस जीवन का आनंद लेना चाहिए।।

"महान शक्सियत मेरे पिता की,
देखी ना मैनें कभी ऐसी।।
"हर जन्म बिटिया बन, आपके आँगन मैं आऊँ,
आप से लूँ ज्ञान आपको अपना गुरू बनाऊँ।।"

सहपाठियों से सम्बंध

यूसुफ अली जी के अपने बैंक में साथ काम करने वाले सहपाठियों से बहुत अच्छे सम्बंध थे। उनके लिए बैंक में सब बराबर थे। वह किसी को छोटा या बड़ा नहीं समझते थे और सबको समान रुप से सम्मान देते थे। बैंक में आने वाले ग्राहको से भी उनके सम्बंध मधुर थे। बैंक के अधिकारी यूसुफ अली जी के व्यवहार व कार्य से इतने प्रभावित थे कि रिटायरमेंट के बाद भी उन्हें जॉब ऑफर की और कुछ नये बैंक खोलने मे उनकी सहायता ली।

आरंभ के दिनों में बैंक में नौकरी करने के दौरान यूसुफ अली जी की भेंट एक निपुर्ण व कुशल बिजनेस मैन से हुई जो उस समय के जाने माने व्यक्ति थे नाम था श्री मूलचंद जी।

वह यूसुफ अली जी से बहुत प्रभावित हुए और उन्होनें यूसुफ अली जी को अपना बेटा बना लिया। वह अपने व्यापार के लेन देन के कामो में इनकी सलाह लेते थे। यूसुफ अली जी के पारिवारिक सदस्यों से भी मूलचंद जी के काफी गहरे सम्बंध बन चुके थे। हम बच्चे उन्हें बाबाजी कहा करते थे।

मूलचंद बाबाजी के एक पुत्र हैं श्री सुधीर कुमार जी जो अपने पिता जी के स्वर्गवास के बाद भी यूसुफ अली जी को वही सम्मान व प्रेम देते रहे जो कभी उनके पिता दिया करते थे। आज भी मुजफ्फरनगर में श्री सुधीर कुमार जी के फोन आते हैं और समय पड़ने पर वह हर कार्य के लिए तैयार रहते हैं।।

प्रेम की भाषा सबको अच्छी लगती है...
यही वह शक्ति है जो सही ढंग से जीना सिखाती है।।

First of the first is the first of you   F
Second and third are zeeros two   OO
First of the last is the last of you   L
then let me know who are you?   FOOL

B B G T D O G

A G P K I G U D O G

संभल कर बैठता है वह जो बिगड़ कर चोर खाता है
बिगड़ कर जो बना है उसमें नहीं फिर खोट आता है

कोई नहीं जानता कि,
कर्म से सब कुछ बदलता है।।
कभी कभी ज्वालामुखी भी बंद उगलता है

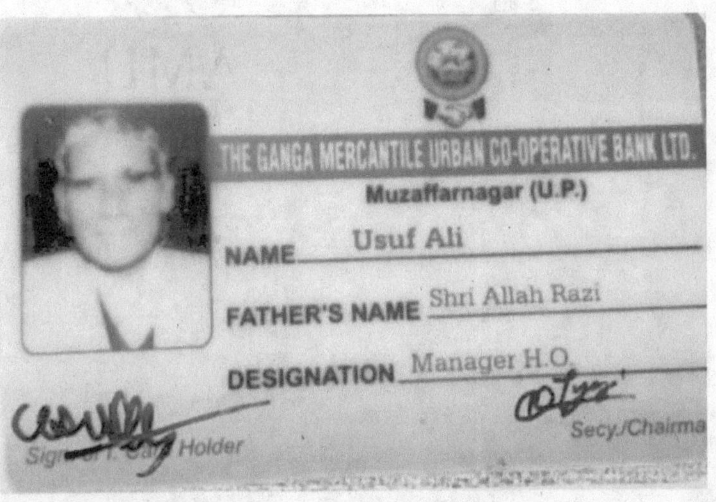
THE GANGA MERCANTILE URBAN CO-OPERATIVE BANK LTD.
Muzaffarnagar (U.P.)
NAME Usuf Ali
FATHER'S NAME Shri Allah Razi
DESIGNATION Manager H.O.
Sign of I. Card Holder
Secy./Chairma

Distt. Co.-Op. Bank Ltd.
Muzaffarnagar(U.P.)
NAME Yusuf Ali
FATHER'S NAME Allah Raji
DESIGNATION Branch Manager
Sign of I. Card Holder
Secy./G.M

AMU
Aligarh Muslim University, Faculty of La

WOMEN'S COLLEGE

शाहाना परवीन

9 789391 358709